KB082993

날조한,
징용공 없는
징용공 문제

Fabricated draftee problem
by Tsutomu Nishioka.

Copyright ⓒ Tsutomu Nishioka 2019
Korean translation copyright ⓒ Mediasilk(Mediawatch) Publishers, Inc., 2020
All rights reserved.

Orignal Japanese edition SOSHISHA LTD.
Korean edition is published by arrangement with through Tsutomu Nishioka.

이 책의 한국어판 저작권은 저자와의 독점 계약으로 미디어실크(미디어워치)에 있습니다.
저작권법에 의해 한국 내에서 보호를 받는 저작물이므로 무단전제와 무단복제를 금합니다.

일러두기

원서는 기본적으로 일본 독자를 대상으로 한 것으로, '한일韓日' 표기는 직접 인용의
경우를 제외하고는 '일한日韓'으로 표기되어 있습니다. 다만 한국 독자의 이질감,
가독성 등을 고려하여 본 한국어 번역판은 원 저자와의 협의 하에 본문의 경우
모두 '한일'로 통일해 표기하였음을 밝힙니다.

날조한,

징용공 없는 징용공 문제

니시오카 쓰토무西岡力 지음

이우연 옮김

미디어워치

차례

한국의 독자들에게

본서의 역자인 이우연 박사를 서울에서 처음 만났을 때 "한국에서는 나를 혐한파라고 하는 것 같은데, 한국을 제2의 고향으로 사랑하는 나는 애한파愛韓派다"라고 본인을 소개했다.

상대를 대등한 인격자로 존중한다면, 상대가 틀린 말을 했다고 생각할 때는 반론하고 논쟁하는 것이 당연하다. 상대가 싫어서 대등한 교제를 싫어할 경우에는 당장 그 자리를 모면하기 위해 사죄를 한다든가 상대의 이야기를 납득하는 듯한 모습을 취한다. 그것은 상대를 사랑하는 것이 아니다. 나는 한국에서 1977년에 처음으로 유학한 이후 계속 이 자세를 유지해 왔다.

지금까지 내 책은 한국에서 2권이 번역·출판되었다. 북조선과 한국의 내정이 주요 테마였다. 이 책 『날조한, 징용공 없는 징용공 문제』와 같은 한일 역사인식 문제가 테마는 아니었다. 하지만 나의 연구 테마 중의 하나는 위안부 문제와 본서의 테마인 조선인 전시동원 문제다. 일본에서는 이 테마로 다수의 책과 논문을 쓰고, 신문에 기고하고, TV 토론회에 나가고, 한국의 주장에 반론을 제기해 왔다. 이 때문에 한국에서 내가 참가하기로 했던 회의와 행사에 반일 활동가들이 항의하여 참가할 수 없었던 일도 있었다.

나는 존경하는 한국의 양식 있는 보수파 리더들에게 역사인식 문제에서는 나라와 민족이 다르면 일치할 수 없다, "불일치하는 것을 인정하는(agree to disagree)" 수밖에 없다는 말을 해 왔다. 역사인식 문제에 관한 나의 주장을 한국 측이 귀를 기울이는 일은 없을 것이라고 생각한 이유가 여기에 있다

그런데 이번에 존경하는 이우연 박사로부터 졸저를 한국어로 번역하여 한국인에게 널리 소개하고 싶다는 제안을 받았다. 40년 이상 한국 연구를 계속해 온 자칭 '애한파'로서 감격스럽고 가슴이 뿌듯하다.

나는 한일 간의 역사인식 문제는 4개의 요소가 있다고 주장한다. 첫 번째는 일본 내의 반일 매스컴·학자·운동가가 사실에 반하는 일본 비난 캠페인을 한다. 두 번째는 그것을 한국 정부가 정식 외교 문제로 삼아 '내정간섭' 이상의 요구를 강요한다. 세 번째로 일본 정부가 반론 없이 사죄하고, 도의적 책임을 인정하며, 인도적 지원 명목으로 이미 조약·협정으로 해결이 끝난 보상을 재차 중도반단中途半斷의 모습으로 실시한다. 네 번째로 한일의 반일 활동가들이 사실무근의 일본 비난을 국제사회로 확산한다.

그런데 최근 들어 세 번째 요소인 일본 정부가 반론 없이 사죄하던 자세에 변화를 보이고 있다. 이 책의 주제인 조선인 전시노동자 문제에서 일본 정부가 2018년 10월 한국 대법원의 판결을 국제법 위반이라고

단언했다. 한국 정부를 향해 국내에서의 해결을 촉구하며, 안이한 사죄나 보상을 하지 않고 있다. 한국을 대등하게 보는 자세를 일본 정부가 취하게 된 것이다. 그에 대하여 한국의 문재인 정부는 격렬한 반일 선동을 앞세워 일본 정부 비판을 전개했다.

한국을 대등하게 보는 '애한파' 일본인이 한일의 역사인식 문제를 어떻게 생각하고 있는지 이 책을 읽으면 잘 알게 될 것이다. 본서에 자세하게 쓴 것처럼 거짓말에 기초한 반일 캠페인을 하고 있는 일본의 '반일' 학자나 활동가는 한국에서 '양심 있는 일본인'이라고 칭찬받고 있다. 그러나 그들이야말로 한일 간의 진정한 우호를 저해하고 한국을 대등하게 보지 않는 반한反韓세력이다. 아무쪼록 본서를 읽고 한국의 분별 있는 독자들이 과연 누가 한일 우호의 적인지를 깊이 생각해 준다면 정말로 기쁘겠다.

번역을 맡아 주신 이우연 박사와 출판을 맡아주신 미디어워치 황의원 대표에게 마음으로부터 깊은 감사를 드린다.

2020년 12월 끄트머리 도쿄에서

니시오카 쓰토무

서문

지금, 한일 관계에 큰일이
벌어지고 있다

한일 외교 관계의 토대가 격렬하게 흔들리고 있다. 한국 대법원이 2018년 10월, 신일철주금新日鐵住金에 대하여 전 조선인 노동자들에게 위자료로 1인당 1억 원씩을 지불하도록 부당판결을 내렸기 때문이다. 11월에는 미쓰비시중공업三菱重工業에 대한 2개의 소송에서 동일한 판결이 내려졌다.

2019년 2월 말 현재, 이 3건을 포함한 15건의 소송이 한국 법원에서 진행되고 있다. 소송이 제기된 일본 기업은 70개사가 넘었고, 원고는 960명에 달한다. 대법원의 확정판결은 판례가 되기 때문에 일본 기업은 나머지 소송에서도 모두 패소할 것이다. 더구나 한국 정부가 22만 명을 '강제동원 피해자'로 인정하고 있어서 1인당 1억 원으로 계산하면 총 22조 원을 요구받을지도 모른다.

그뿐만이 아니다. 판결은 한일병합조약에 기초한 일본의 조선 통치

그 자체를 불법으로 단정하고, 1965년 한일기본조약과 한일청구권 협정으로 청산된 청구권에 불법행위에 따른 위자료는 포함되지 않는다는 괴상한 논리를 내세웠다.

이에 따르면 식민지기에 일본어를 배우고 신사참배를 강요당하는 등이 모든 것이 불법행위로 간주돼 위자료를 요구받을지도 모른다. 이는 결코 받아들일 수 없는 부당판결이다.

이미 일본 최고재판소가 내린 원고 패소판결에 대해 이번 한국 대법원 판결은 한국의 공서양속公序良俗[01]에 반하므로 받아들일 수 없다는 결론을 내렸다. 일본 법질서에 도전하는 일방적인 주장이다. 원래 국제법은 사법을 포함한 국내법에 우선한다는 원칙에서 보면, 1965년의 조약과 협정으로 해결된 개인 청구권을 꺼내드는 것 자체가 국제법 위반이다.

일본 정부는 거듭하여 한국 정부에 국제법 위반이므로 시정할 것을 요구했다. 그러나 한국 정부는 아무것도 하지 않았고, 마침내 한국에 있는 일본 기업의 재산이 침해되는 사태가 벌어지고 말았다.

2019년 1월 8일, 한국 법원으로부터 신일철주금에 압류 절차를 집행한다는 통지가 송달되었다. 신일철주금이 갖고 있는 주식을 압류하여 동 회사는 그 주식을 처분할 수 없게 된 것이다. 이틀 후인 1월 10일,

---

01 역자 주: 공서양속이란 "공공의 질서와 선량한 풍속을 아울러 이르는 말"로서 "법률 사상의 지도적 이념으로, 법률행위 판단의 기준이 되는 사회적 타당성이 인정되는 도덕관"이라고 한다. 한국의 현행 「민법」 제103조는 "선량한 풍속 기타 사회질서에 위반한 사항을 내용으로 하는 법률행위는 무효로 한다"고 규정하고 있다.

문재인 대통령은 기자회견에서 "일본 정부는 문명선진국으로서 삼권분립에 따라 한국의 재판을 받아들이라"는 어처구니없는 주장을 했다.

일본은 1965년에 조약과 협정을 맺을 때 법률을 만들어 한국인이 일본인(법인 포함)에 대해 갖고 있는 채권을 소멸시켰다. 따라서 일본 법질서 하에서 원고들이 이번에 행한 일본 기업 재산압류는 사유재산 침해라 할 수 있다.

일본 정부는 일본의 법질서 아래 있다. 원고나 그 대리인들이 일본을 방문한다면 형사범으로 취급해야 할 것이다. 2019년 2월 15일, 대리인 변호사가 일본 신일철주금 본사를 방문하여 즉시 압류 자산 매각 절차를 시작하겠다는 의견을 전달했다.

일본 정부는 왜 그들의 입국을 허락한 것일까? 일본 법질서와 한국 법질서가 정면으로 대립하는 이상사태異常事態가 지금 양국 간에 벌어지고 있다. 한 나라와 다른 나라는 그러한 일이 일어나지 않도록 조약을 체결하여 과거의 사건을 청산한다. 하지만 한국 사법부는 그 조약을 무시하는 이상한 판결을 내렸고, 문재인 대통령은 그 이상한 판결에 대해서 정색을 하며 일본으로 하여금 따를 것을 종용했다.

그러나 승소한 원고들과 문 대통령에게도 약점은 있다. 원고들은 압류한 주식을 현금화하지 않고, 신일철주금과의 교섭에 의한 해결을 요구하고 있다. 문 대통령도 회견에서 일본 정부가 한국 정부와 협력하여 해결을 위해 함께 지혜를 모으자고 말했다.

원고와 한일의 지원자들은 일본 기업이 막대한 출자를 하여 전체 전시노동자와 그 유족에게 보상할 기금을 만드는 것을 노리고 있다. 그것이 아닌, 압류한 자산을 원고들에게만 나눠줘서는 원고가 되지 않은 20만 명이 넘는, 정부가 인정한 '강제동원 피해자'들에 대한 보상을 실현할 수 없는 터라 한국 내에서 불만이 커지리라는 사실을 그들은 알고 있는 것이다. 벌써 한국 정부에 보상을 요구하는 소송이 부쩍 늘어나고 있다.

일본 기업이 한국 대법원의 부당한 판결을 인정하지 않은 채 원고들과의 협의에 응하지 않는다면, 곤란에 처할 곳은 한국의 원고와 변호사, 지원자들과 한국 정부이다. 따라서 보상이 부족하다면 한국 정부가 해야 할 것이다. 그 이외에는 다른 방법이 없다.

다행스럽게도 신일철주금은 의연한 자세로 일관하고 있다. 현재 소송이 제기된 70개 회사 모두가 같은 자세를 유지할 수 있도록 일본 정부와 민간에서 이들을 지키는 체제를 신속히 만들어야 한다. 그와 병행하여 국제사회에 전시동원과 한일 전후 보상의 진실을 널리 알리는 홍보에 전력을 다하지 않으면 안 된다. 이를 위해서는 자료수집, 실증연구, 젊은 연구자 육성, 홍보의 거점이 꼭 필요하다는 점을 강조하고 싶다.

용어는 명확히

본문에 들어가기에 앞서 용어에 대해 말해 두고자 한다. 조선인 전시동원은 1939년부터 시작되었다. 1942년 1월까지는 '모집'이라는 형태로 민간 기업이 조선에서 인력을 모집하는 것을 조선총독부 등이 지원했다. 1942년 2월부터는 '관알선官斡旋'으로서, 총독부가 지방 행정조직을 이용하여 동원자를 모집했다. 그러나 법적인 강제가 없는 '알선'이었다. 1944년 9월부터 법적 강제력이 있는 국민징용령이 발동되었다. 그러므로 전시동원 전체를 가리키는 말로서 '징용', '징용공'이라는 용어는 어울리지 않는다. 나는 이 책에서 조선인 전시노동자라는 용어를 사용하고 있다.

나는 이 책의 「서문」을 서울의 한 호텔에서 썼다. 예전부터 알고 지낸 한국 보수의 리더들, 즉 전 국가정보원장, 보수 오피니언 리더, 군사 전문 기자, 탈북자 인권활동가, 미군 정보 관계자, 기예技藝의 저널리스트 등과 주로 만났다.

그중 어떤 사람에게서 "한일을 이간시켜 한미일 3국 동맹관계를 약체화하려고 중국과 북조선이 수십 년간 한국의 반일 민족주의를 키워왔다. 그 결과 합리적 논의가 불가능할 소지가 생기고 말았다. 결과적으로 기뻐하고 있는 것은 북조선뿐이다. 어떻게든 감정적 대립을 해소할 수는 없을까?"라는 이야기를 들었다. 또 어떤 사람은 "문재인 정권이 한국의 국익을 대표하지 않고, 북조선 독재정권에 봉사하고 있어서 모든 일이 곤란해졌다. 우리 한국 국민의 힘으로 한국에 대적하는 문재인 정권을 교체시키는 것 외에는 길이 없다"고 말했다.

이에 대해서 나는 "북조선의 세습독재 테러정권과 중국 공산당의 파시즘 통치 행위는 한일 양국의 공통의 적이다. 이와 같은 공통의 적이 있는 이상 한일은 서로 힘을 합칠 필요가 있다. 그러나 한국 내에서 일본 보수가 볼 때 납득할 수 있는, 자국의 차별주의적인 반일에 대한 공개적 비판이 나오지 않는 한, 유감스럽지만 관계는 계속 악화될 수밖에 없다"고 답변했다.

나는 20여 년 전인 2000년경부터 일본 내 반일세력과 한국 내 반일 좌파가 서로 손을 잡고 과거청산 문제를 이용하여 한일 외교 관계의 근간을 흔들 것을 예상했다. 그에 대비하여 일본은 역사 문제의 사실관계를 정확히 조사·연구하고, 알기 쉽게 국제사회에 홍보할 것을 지속적으로 요구해 왔다. 이를 위해 나는 2005년, 전시노동자 문제를 다룬 『일한 역사 문제의 진실日韓「歷史問題」の眞實』(PHP研究所)이라는 저서를 세상에 내놓았다. 2016년에는 뜻을 함께하는 학자, 연구자들과 함께 '역사인식문제연구회'라는 민간 연구단체를 창설하여 연구와 홍보 활동을 계속해 왔다.

그러나 판결이 나온 후 외무성은 국제법 시각에서 반론을 발표하였지만, 한일의 반일세력이 만들어 온 '강제연행', '노예노동'이라는 허위 역사상에 대한 반론은 거의 하지 않았다. 전쟁 중 일본이 조선인에게 나치 독일의 유대인 박해와 비슷한 노예노동을 강요하고도 아직까지 개인 보상을 하지 않고 있다는 잘못된 이미지를 국제사회에 만들 것을 우려해서였다.

하지만 군이 관리한 공창제도였던 위안부를 '성노예性奴隷'였다고 하는 잘못된 이미지가 국제사회 일부에서 확산되고 있다. 이미 『뉴욕타임스』 등 유력 미디어가 'Slave Labor(노예노동자)'라는 말을 사용하면서 한국에서의 재판 결과를 보도하고 있다.

나는 강한 위기의식을 갖고 지금까지 해 온 연구와 언론활동의 정수를 정리하여 이를 세상에 내놓기로 하고 다시 펜을 들었다.

1장

'징용공' 없는
'징용공 문제'

2018년 10월 30일, 한국 대법원이 전시노동자 문제에 대해서 중대한 부당판결을 내렸다. 전 조선인 노동자 4명이 신일철주금을 제소한 재판의 파기환송 상고심에서 한국 대법원은 같은 회사에 배상을 명령한 2심 재판을 지지하고, 4억 원의 손해배상금 지불을 명령한 것이다. 이는 명백히 1965년 체결된 한일청구권 협정에 반하는 판결이다.

신일철주금에 대해 최초의 판결이 나온 날, 아베 총리는 "국제법에 비추어 있을 수 없는 판결이다"고 판결을 강하게 비판하고, 일본 정부는 의연하게 대응해 나간다는 방침을 표명했다.

징용이 아니라
모집·알선된 노동자

2018년 10월 30일, 한국 대법원이 전시 노동자 문제에 대해서 중대한 부당판결을 내렸다. 전 조선인 노동자 4명이 신일철주금을 제소한 재판의 파기환송 상고심에서 한국 대법원은 같은 회사에 배상을 명령한 2심 재판을 지지하고, 4억 원의 손해배상금 지불을 명령한 것이다. 이는 명백히 1965년 체결된 한일청구권 협정에 반하는 판결이다.[02]

신일철주금에 대해 최초의 판결이 나온 날, 일본의 아베 신조安倍晋三 총리는 "국제법에 비추어 있을 수 없는 판결이다"고 강하게 비판하고, 일본 정부는 의연하게 대응해 나간다는 방침을 표명했다.[03]

---

02 판결의 주요 부분을 본서 부록에 붙였다.

03 2018년 10월 30일, 아베 신조 총리는 총리 관저에서 회견을 갖고 다음과 같이 밝혔다. "본 건에 대해서는 1965년 일한청구권 협정에 의해 완전하고 동시에 최종적으로 해결했습니다. 이번의 판결은 국제법에 비추어 있을 수 없는 판단입니다. 일본 정부로서는 의연히 대응해 가겠습니다." 총리 관저 웹사이트로부터 인용. https://www.kantei.go.jp/jp/98_abe/actions/201810/30bura.html 2020년 10월 29일 열람.

여기에서 용어에 대하여 지적하고 싶다. 『아사히신문朝日新聞』을 비롯하여 일본의 매스컴은 "징용공 판결徵用工判決"이라고 보도하고 있지만, 원고 4명은 징용공이 아니다. 그들은 "징용"으로 도일渡日한 것이 아니다.

나는 그것을 염두에 두고 신일철주금 판결이 나오기 1주일 정도 전에 메모를 작성하여 E보좌관을 통해 아베 신조 총리에게 전달했다. 또 11월 1일자 『산케이신문産經新聞』「세이론正論」칼럼에서도 그에 대해 다음과 같이 서술했다. 신문, TV는 판결에 대해서 많은 보도를 했지만, 그것을 지적한 것은 나의 칼럼이 유일하다.

> 일본은 4명의 원고를 "전 징용공元徵用工"이라고 명명하고, 판결을 "전 징용공재판"으로 표현하고 있다. 그러나 4명의 경력을 조사하면, 그 호칭 방식은 적절하지 않음을 알 수 있다. 그들은 '징용'으로 도일한 것이 아니다. 1명은 1941년에, 3명은 1943년에, 징용이 아니라 '모집', '관알선'으로 도일했다. 놀랍게도 2명은 평양에서 일본제철의 공원모집 광고를 보고 담당자의 면접에 응하여 합격한 뒤에 그의 인솔 하에 도일했다고 증언하고 있다. (중략) 1939년부터 1941년에 민간 기업이 조선에 건너가 실시한 '모집', 1942년부터 1944년 9월까지 조선총독부가 각 시군 등에 동원 인원을 할당하여 민간 기업에 인도한 '관알선', 1944년 9월부터 1945년 3월경까지 '징용령'에 기초한 '징용' 등 3개의 유형이 있었다.

아베 총리도 11월 1일 중의원 예산위원회에서 그 사실에 대해 동일하게 답변했다.

> 정부로서는 징용공이라는 표현이 아니라, 구 조선반도 출신 노동자舊朝鮮半
> 島出身勞動者 문제라는 식으로 말씀드리는 것인데, 이것은 당시의 국가총동원
> 법 하의 국민징용령에는 모집과 관알선, 징용이 있었는데 실제로 이번 재
> 판의 원고 4명은 어느 쪽이든 모집에 응했던 것이라는 사실로부터, 조선
> 반도 출신 노동자의 문제, 이렇게 말하고 있는 바입니다(국회의사록).[04]

더구나 일본 정부는 이 답변 전까지 "조선반도 출신의「구 민간인 징
용공舊民間人徵用工」("Requisitioned Civillians" from the Korean Peninsula)이라는 용어
를 사용하고 있었다. 그러나 11월 9일부터 "구 조선반도 출신 노동자
(Former Workers from the Korean Peninsula)"라는 용어를 사용하게 되었다.

내가 연구원으로 있는 국가기본문제연구소(이사장 사쿠라이 요시코櫻井よしこ)
에서도 이 용어의 문제에 대해 논의하게 되었다. 나의 조사와 의견을
토대로 하여 동 연구소는 11월 14일에 "징용공"의 바른 용어는 "조선
인 전시노동자(Wartime Korean Workers)"라고 하는 제언을 냈다.[05]

04　역자 주: 착오가 있다. 모집은 1939년 9월부터 시작되었다. 국민징용령의 시행에 따른 징용은
　　1944년 9월부터다. 그 사이에 1942년 2월부터 실시된 관알선이 있다. 아베 총리의 답변에서 "국민
　　징용령"은 "전시노무동원"으로 바꿔야 한다.

05　국가기본문제연구소 웹사이트에 전문이 게재되어 있다.
　　https://jinf.jp/suggestion/archives/23779 2020년 10월 29일 열람.

대형 매스컴의
오용이 계속되다

그 후에도 대형 언론사는 전시노동자의 총칭으로서 "징용공"이라는 단어를 계속 사용하고 있다. 예를 들면, 2019년 1월 6일의 아베 총리 발언을 전하는 기사(인터넷 판)에서 아사히, NHK, 산케이의 보도를 서로 비교해 보자. 밑줄은 저자가 그었다.

아사히(2019년 1월 6일), 아베 총리, 징용공 문제에 "구체적 조치" 관계 성청省廳에 지시

아베 신조 총리는 6일 방송된 NHK 프로그램에서 한국 대법원이 일본 기업에 대해 <u>전 징용공</u>에 대한 배상을 명령한 판결을 내려 원고 측이 기업자산의 압류 신청을 한 것 등에 관해 일본의 대항책을 검토하도록 관계 성청에 지시하였다고 밝혔다.

NHK(2019년 1월 6일), "징용" 자산 압류, 아베 총리가 대항 조치 검토 지시

NHK의 프로그램 〈일요토론〉에서 태평양전쟁 중의 "징용"을 둘러싼 판결에서 한국의 원고 측이 일본 기업의 자산 압류를 법원에 신청한 것에 대해 아베 총리대신은 지극히 유감이라고 말하고, 또 국제법에 기초한 구체적인 대항 조치 검토를 관계 성청에 지시하였음을 밝혔다.

방송에서 아나운서가 원고를 읽을 때는 큰따옴표에 대해서는 언급하지 않고 〈"징용"을 둘러싼 판결〉을 〈징용을 둘러싼 판결〉이라고 말한

다. 본래대로라면 큰따옴표 대신에 "이른바"라는 말을 붙여 읽었어야
할 것이다.

> 산케이(1월 6일), 징용공 소송, 한국에 대한 대항 조치 지시 아베 신조 총리
> 관계 성청에
> 아베 신조 총리는 6일의 NHK 프로그램에서 <u>이른바</u> 징용공 소송에 관한 한
> 국 대법원의 확정판결에 기초하여 원고단이 신일철주금의 자산 압류 절차
> 에 착수한 것에 대하여 "지극히 유감이다. 본래 1965년의 일한청구권 협정
> 으로 완전히 그리고 최종적으로 해결된 이야기다. 국제법에 기초하여 의연
> 한 대응을 취하기 위해 구체적인 조치의 검토를 관계 성청에 지시했다"고
> 서술했다.

산케이만이 〈이른바 징용공〉이라고 쓰고, 원고들이 징용공이 아니라
는 사실에 입각한 보도를 하고 있다. 그러나 산케이도 표제에서는 다만
받아쓰기만 한 것일 뿐이고, "징용공"으로 보도하고 있다. 아사히는 표
제와 본문 모두에서 받아쓰기만 한 것이고, 〈징용공〉으로 보도하고 있
다. 인용은 하지 않았지만 『요미우리讀賣』, 『니혼게이자이日經』, 『도쿄東京
신문』도 『아사히』와 전적으로 같았다.

NHK는 인터넷 판 뉴스에서는 큰따옴표를 붙여 "징용"이라고 하였
다. 또 "징용공"이라고 얘기하는 방식을 피하여 〈태평양전쟁 중의 "징
용"을 둘러싼 판결〉이라고 써서, 원고가 징용공이 아님을 보도에 반영
하도록 노력하고 있다. 단, 실제 보도에서는 아나운서가 큰따옴표에 관

계없이, 단지 〈징용〉으로 읽고 있는 것은 유감이다. 큰따옴표를 나타내는 "이른바"라는 말을 붙여 읽어야 할 것 아닌가.

산케이, NHK 이외의 대형 언론사는 신일철주금에 소송을 제기한 4명 원고의 이력에 대해선 정확하게 조사를 실시한 것일까? 그렇게 했다면 이와 같은 안이한 보도는 하지 않았을 것이다.

과거에 징용공으로 보도해 왔기 때문에 그 표현을 바꾸기 어렵다, 인터넷 검색을 늘리기 위해서는 일반적으로 사용되고 있는 용어를 사용할 수밖에 없다는 등등의 변명을 늘어놓겠지만, 이것은 중대한 사실관계에 관련되는 용어 선택의 문제인 것이다. 최소한 큰따옴표 속에 넣든가 "이른바"라는 단서를 붙여야 한다고 강조하여 둔다.

미쓰비시중공업 2건을
동시 판결한 의도

11월 29일에는 미쓰비시중공업을 피고로 한 2개의 서로 다른 재판 판결이 동시에 나왔다. 하나는 전시 중에 미쓰비시중공업 나고야名古屋공장에서 일했던 구 조선 여자근로정신대 대원인 여성들이 제기한 재판이다. 또 하나는 전시 중에 미쓰비시중공업 히로시마廣島공장에서 일했던 구 노동자들이 제기한 재판이었다. 양쪽 모두 10월 20일 판결을 판례로 하여 미쓰비시중공업을 패소시키고, 원고 1인당 8000만 원에서부터 1억 5000만 원을 지불하라고 명령했다.

당초에는 전자가 먼저 심리에 들어갈 것이라고 전해졌다.[06] 그런데 신일철주금의 확정판결 뒤 후자의 판결이 먼저 나온다는 보도가 있었고, 나는 이들 재판을 지켜보고 있었는데 2개의 판결이 같은 날 나온 것이다.

한국 법원에 제기된 조선인 전시노동자 관계 소송은 확정판결이 나온 3건(신일철주금 1건, 미쓰비시중공업 2건)을 포함하여 15건이다. 내 추측이지만 한국 대법원은 당초에는 신일철주금의 확정판결이 "징용공" 재판의 판례가 되는 판결을 내리고, 미쓰비시중공업 재판에서는 "여자정신대" 재판의 판례 판결을 내려서, 나머지 13건의 재판은 그와 동일하다는 형태로 짧은 판결로 재판을 끝낼 의도였던 것은 아니었을까 싶다.

그런데 신일철주금 재판의 원고들이 징용이 아니라 모집에 응해 도일하였고, 앞에서 본 바와 같이 그날 아베 총리가 그 사실을 지적하는 상황이 되었다. 그래서 본래의 징용공도 있다는 것을 어필하기 위해 당초에는 조금 뒤로 예정되었던 미쓰비시중공업 히로시마의 재판을 급하게 가지고 나와서 같은 날 두 개의 확정판결을 내린 것은 아닐까? 내가 이렇게 생각하는 이유는 미쓰비시중공업 히로시마 공장에서 일했던 구 공원들은 연대로 보아 징용에 의해 도일하였기 때문이다.

일본이 대응해야 될 사항에 대해 정확하게 지적을 한다면, 한국도 이에 대응할 수밖에 없는 아주 좋은 선례가 될 것이다.

무엇보다도 징용이라고 얘기를 하더라도 도일 후에는 민간 기업과 2년 계약으로 비교적 좋은 대우를 받고 임금노동을 했던 것이며, 한국에

---

06 한국, 『중앙일보』 2018년 9월 10일.

서 주장하는 것과 같은 "노예노동"이 결코 아니었다는 사실은 말할 것
도 없다.

'일본 통치불법론'이라는
기괴한 관념

　　　　　　　　　신일철주금 판결에 대해서는 2장에서
자세하게 비판하겠지만, 3개의 확정판결에 공통적인 점은 미불 임금이
나 부상 등에 대한 보상금의 지불을 명령한 것이 아니라, 불법행위에
대한 배상으로서 위자료의 지불을 명령했다고 하는 점이다. 당시 조선
은 일본령으로 조선인은 일본 국민이었다. 자국민을 전쟁 수행을 위해
민간 기업에서 임금노동을 시키는 것은 국가로서는 합법적인 행위일
뿐이다. 당시의 국제법은 말할 것도 없고, 현재도 합법이다.

강제노동을 국제법 위반으로 규정하고 있는 국제노동기구(ILO)의 '강
제노동에 관한 조약'에서도 제2조 2의 ⒟에서 전쟁에 있어서 노무강제
는 예외로 인정하고 있다. 일본은 동 조약을 1932년에 비준했다.[07]

> 2조 단, 본 조약에서 "강제노동"이라고 칭하는 것은 하기下記의 것을 포함하
> 지 않는 것으로 한다.

07　ILO의 웹사이트로부터 인용.
　　https://www.ilo.org/dyn/normlex/en/f?p=1000:12100:0::NO::P12100_ILO_CODE:C029
　　2020년 10월 29일 열람.

(d) 긴급한 경우, 즉 전쟁의 경우 또는 화재, 홍수, 기근, 지진, 맹렬한 유행병 혹은 가축유행병, 짐승류, 벌레류 또는 식물 유해물의 침입과 같은 재앙, 또는 그러한 우려가 있는 경우 및 <u>일반적으로 주민의 전부 또는 일부의 생존 또는 행복을 위태롭게 하는 일체의 사정에 있어서 강요되는 노동.</u>

한국 정부가 한일 국교 교섭에서 일본에 요구한 것도 미불 임금과 사망자나 부상자에 대한 보상이었지 불법행위를 전제로 하는 배상은 아니었다.

그렇다면 판결은 무엇을 근거로 전시 노동동원을 불법행위로 인정한 것인가? 3개의 판결은 1910년의 한일병합조약에 기초한 일본의 통치를 "불법"으로 단정하고, 전시 노동동원은 그 불법적인 통치를 전제로 하여 행해졌기 때문에 '반인도적인 불법행위'라는 것이다.

일본의 통치가 당초부터 불법이었다는 기괴한 관념(이하 '일본 통치불법론'으로 부른다)이 판결 입론의 근거였던 것이다. 따라서 이 '일본 통치불법론'이야말로 한일 관계의 근본을 흔드는 동시에 위험한 논리인 것이다.

신일철주금의 부당한 판결이 나온 후 좌파계 일본인 변호사들은 며칠 지나지 않아 바로 인터넷 상에 전체 번역문을 공개하고[08], 변호사나 학자들로부터 다수의 서명을 모아 판결을 옹호했다.[09] 일본 공산당도

---

08 張界滿, 市場淳子, 山本晴太에 의한 전역全譯. http://justice.skr.jp/koreajudgements/12-5.pdf. 하루滿와 야마모토山本는 변호사, 시잔市場은 오사카 외국어대학, 고베여학원 대학의 조선어 강사.

09 구 징용공의 한국대법원 판결에 대한 변호사·학자 성명(2018년 11일 5일).
http://justice.skr.jp/statement.html 2020년 10월 29일 열람.
2020년 10월 29일 현재, 변호사 280명, 학자 18명, 합계 298명이 찬동.

그런 움직임에 합류하여 이것은 인권 문제이며, 일본 정부도 과거에 개인 청구권은 남아 있다고 답변했다든가 라고 하면서 판결을 지지하는 견해를 냈다.[10] 또 대형 언론사들도 판결의 정확한 문제점에 대해선 지적하지 않고 개인 청구권은 남아 있다는 판결이라고만 전했다.[11] 마치 정부 간의 조약으로는 해결할 수 없는 인권 문제가 아직 남아 있는 것과 같은 인상을 계속 확산시켜 나갔다.

판결을 정확하게 이해하지 못하는 일본 공산당

나는 판결을 통독하고 두 가지를 생각했다.

첫 번째로 일본 공산당이나 좌파 변호사들이 말하는 판결 옹호론은 판결문을 정확하게 읽지 않은 표면적인 논의일 뿐이라는 점이다. 뒤에서 자세하게 살펴보겠지만, 판결문은 청구권 협정에서 포기된 것은 외

---

10 2018년 11월 1일에 일본 공산당은 시이 가즈오志位和夫 위원장 이름으로 "징용공 문제의 공정한 해결을 요구한다–한국대법원 판결에 대해서"라는 제목의 견해를 발표했다. https://www.jcp.or.jp/web_download/2018/11/20181102_choyoko.pdf. 2020년 10월 29일 열람.

11 아사히는 10월 31일 사설에서 "정부가 협정을 둘러싼 견해를 유지하는 것은 당연할지라도 많은 사람들에게 <u>폭력적인 동원과 가혹한 노동을 강요한</u> 사실史实을 인정하는 데에 어정쩡한 자세를 취해서는 안 된다(밑줄은 저자)"고 썼다. 『니혼게이자이신문日本经济新闻』도 판결은 비판하면서도 전시 동원이 가혹한 것이었고 "전시 중에 조선반도로부터 동원되어 군수공장 등에 보내진 사람들은 거친 식사와 휴일은 월 1, 2회밖에 없는 가혹한 환경에서 노동을 강요받았다. 일본 정부에 이러한 노동에 대한 보상을 요구하는 목소리는 종전 직후부터 있었다"고 썼다(10월 27일, 야마다 켄이치山田健一–서울특파원 서명기사署名記事).

교적 보호권[12]뿐이며, 개인의 청구권은 남아 있다고 하는 일본 공산당 등이 주장하는 입장을 취하고 있는 것이 아니다. 판결문 속에서는 의도적으로 그러한 주장을 배척하고 있다. 판결문을 잘 읽어 보면 그것을 잘 알 수 있다.

두 번째로 판결의 정확한 문제, 걱정스러움은 '일본 통치불법론'이라는 괴상한 논의를 토대로 하여 논리를 구성하고 있다는 점이다. 본래 청구권 협정에서는 불법행위에 대한 위자료는 정산되지 않았기 때문에 지금부터라도 그것을 요구할 수 있다는 걱정스러운 핑계에 불과하다. 이것을 인정한다면 조약이나 협정은 아무런 의미도 갖지 않게 된다. 따라서 계속해서 아무것이나 주장할 수 있게 되는 것이다.

일본 내에서는 판결에 대해 국제법 위반이다, 법치를 파괴하고 국민감정을 우선시했다는 등 비판의 목소리가 높다. 그 속에는 제재하라, 단교하라는 강경한 의견조차 있다. 그러나 나는 상황이 그 정도로 유리하지는 않다고 보며, 위기감을 갖고 있다. 왜냐하면 판결문을 보면, 1965년의 협정과 그 토대 위에서 이루어진 한국 내에서의 두 차례의

---

12 역자 주: 외교적 보호권이란 외국에 나가 있는 자국민에게 피해가 생겼을 경우 본국이 외교사절을 통하여 상대국에게 적당한 구제방법을 취하도록 요구하는 권리. 재외국민 보호권이라고도 한다. 외교적 보호권은 국가 자신의 권리로서, 재외 국민 개인의 권리가 아니고, 재외 국민 개인의 권리를 국가가 대리 행사하는 권리도 아니다. 따라서 개인은 자신의 권리가 아니므로 자국의 외교적 보호권을 포기할 수 없다. 외교적 보호권의 주체는 국가이며, 국가 이외의 단체나 개인은 외교적 보호권의 주체가 될 수 없다. 이는 외교적 보호권이 국가의 권리이기 때문이다. 외교적 보호권은 자국민에 대하여서만 행사할 수 있으며, 이때 자국민에는 자연인과 법인이 모두 포함된다. 『두산백과』.

개인 보상 등에 대하여 상세하게 사실관계를 기술한 뒤에 그럼에도 불구하고 "조선반도에 대한 불법적인 식민지배 및 침략전쟁의 수행과 직결된 일본 기업의 반인도적인 불법행위를 전제로 한 강제동원 피해자의 일본 기업에 대한 위자료"가 청산되지 않았다는 구실을 들고 나와서 그런 논리를 구성하고 있기 때문이다.

위의 논리 토대에 있는 것은 '일본 통치불법론'이다.

당시 조선은 대일본제국이고 조선인은 일본 국적자였다. 그러므로 조선인들을 일본이 전쟁 수행을 위해 군수산업에서 임금노동을 시키는 것은 합법적인 활동이고, 그 자체가 위자료를 청구 받아야 할 불법 활동은 아니다. 전술한 대로 1932년에 일본이 비준한 ILO의 강제노동에 관한 조약에서도 전시동원은 금지된 강제노동에 들어가지 않는다. 그런데 '일본 통치불법론'에 의해 대우도 나쁘지 않았던 임금노동이 '반인도적인 불법행위'로 변질돼 버린 것이다.

이런 논리에 걸리면 조선인 전시노동자 문제는 인권 문제가 돼버린다. 그렇게 되면 국제사회에서 "일본은 다수의 한국인 남녀에게 나치 수용소에서의 노예노동과 동일한 노예노동을 강요했으면서 피해자의 의향을 무시하고, 한국 보수 정권에 약간의 돈을 지불한 뒤 책임에서 도망치려 하고 있다"는 중상 비방이 확산돼 버릴 우려가 크다.

일본 외무성은 세계를 향해 재판의 부당성을 홍보한다고 밝혔다. 그러나 그 내용이 1965년의 협정 등 한일의 전후 처리에 한정된다면 홍보는 실패할 위험이 크다. 국제사법재판소에서도 자유주의적인 유럽의 판사들에 의해 인도적 보상을 하라는 등 일본이 패소하는 결과가 나올 우려도 충분하다.

왜냐하면 재판을 기획·지원해 온 한일의 반일 운동가, 학자, 변호사들은 일본이 전시에 조선인 노동자를 강제연행하여 노예노동을 시키고, 나치 강제수용소와 같은 종류의 반인도적 범죄를 저질렀다고 하는 사실무근의 중상 비방을 일삼았기 때문이다. 거기까지 깊숙이 내다보고 반론하지 않으면 분명히 패하고 말 것이다.

공창제도 하에서 빈곤 때문에 병사들을 상대로 하는 매춘업에 종사한 여성들(위안부)을 '성노예'라고 하여 일본의 명예를 손상시킨 사람들과 동일한 사람들이 총체적으로 좋은 대우를 받으며 임금노동에 취업하던 조선인 노동자를 '노예노동자'로 선전하려 하고 있다. 이미 2018년 10월 30일 『뉴욕타임스』가 한국인 원고는 "Slave Labor(노예노동자)"였다고 쓰고 있다.

이런 상황을 정확하게 이해한 뒤에 반론하고 국제 홍보를 하지 않으면 안 된다. 또한 일본과 한국에는 일본 최고재판소가 2007년 4월, 중국인 전시노동자가 제기한 재판 판결에서 개인의 청구권은 실체적으로 소멸되지 않았다고 하여 일본 정부와 기업에 의한 자발적 지원을 촉구한 것을 근거로 하여 원고들에 대해 일본 정부나 기업이 인도적 지원을 할 것을 요구하는 견해도 일부에서 제기되고 있다. 그러나 조선인 전시노동자 문제는 다음 두 가지 관점에서 중국인 전시노동자 문제와 양적으로, 또한 질적으로 다르다.

첫 번째, 중국인 노동자의 대부분은 전쟁포로였다. 때문에 임금이 지불되지 않았고, 혹독한 감시 하에 놓였을 뿐만 아니라 자유로운 외출

등이 불가능했다. 민간 기업에서 2년 계약으로 임금노동을 했던 조선인들과는 큰 차이가 있다.

두 번째, 중화민국도 중화인민공화국도 국교 정상화에 당면하여 전쟁 배상과 함께 개인 청구권을 포기하였다. 중국 내에서 개인 보상은 실시되지 않았다. 반면에 한국은 노동자들에 대한 보상을 포기하지 않았고 그것을 통합하여 정부가 수취했으며, 한국 내에서 두 차례나 개인 보상을 실시했다. 그러므로 조선인 전시노동자 문제는 중국인 문제와 같은 수준에서 논의할 수 없다는 점을 강조하고 싶다.

따라서 한국 대법원 판결을 지지·옹호하고 있는 일본 공산당이나 일부 일본인 변호사들에게 묻고 싶다. 판결은 '일본 통치불법론'에 서서 한국 정부가 일본의 불법행위에 대한 자국민의 위자료 청구권을 포기하지 않는다고 주장하고 있다.

반복하지만 이것이 인정된다면 일본 통치시대의 모든 정책은 불법이 되므로 이에 따라 위자료가 발생하는, 수습할 수 없는 사태가 벌어질지도 모른다. 일본 공산당 등은 진정 그런 상황을 지지하는 것인가? 일본 국민에 대해서 입장을 명확하게 할 책임이 있는 것이다.

2
장

부당판결을
비판한다

구 일본제철(재판에서 신일철주금은 자사(自社)는 법적으로 일본제철과 동일한 회사가 아니라고 계속 주장했지만, 판결은 그것을 배척했다. 그러한 입장에서 판결은 "구 일본제철"이라는 호칭을 사용하고 있다: 필자 주)은 1943년경 평양에서 오사카제철소 공원모집 광고를 냈는데(중략), 1943년 9월경 그 광고를 보고, 기술을 습득하여 일본에서 취직할 수 있다는 점에 끌려 응모한 다음, 구 일본제철의 모집담당자와 면접을 하고 합격하여 위 담당자의 인솔 하에 구 일본제철 오사카제철소로 간 뒤 훈련공으로 노역에 종사하였다.

일본에서의 재판(2001년 3월 27일 오사카 지방재판소의 1심 판결)에 따르면, 〈원고1〉과 〈원고2〉가 받은 심사는 100명 모집에 500명이 응모하여 5배의 경쟁률이었다고 한다.

모집이라는 사실을
다루지 않는 모순

　　　　　　　　신일철주금의 확정판결이 나온 뒤에 나는 즉시 한국 대법원의 확정판결문을 입수하여 주요 부분을 일본어로 번역한 뒤 『계칸 세이론月刊正論』 2019년 1월호(2018년 12월 1일 발매)에 소개한 뒤, 문제점에 대해 철저히 비판했다. 본 2장과 다음 3장에서 이에 대한 우려와 문제점에 대해 구체적으로 지적하고 비판하고자 한다.

　2012년에 한국 대법원은 기업의 배상 책임을 인정하는 이례적인 파기환송 판결을 내렸다. 그때까지 한국의 대법원에서 인용된 적이 없었던 일본 통치가 당초부터 불법이었다는 '일본 통치불법론'이 갑자기 판결의 주요 부분에 등장했다. 그것이 이번의 확정판결에서도 그대로 답습되었다. 신일철주금 재판의 확정판결을 분석한 뒤에 전면적인 반론을 하고자 한다.

　먼저 판결 비판에 들어간다. 판결은 A4용지 49쪽에 이르는 장문이다. 단, 대법원 판사 13명의 다수 의견으로 쓰인 판결 이유 부분은 18쪽 중간까지다. 이 부분을 전체 번역했는데 지면 관계상 일부를 생략한

형태로 이 책의 말미(234~245쪽)에 자료로 수록했다.

18쪽 중간부터 마지막까지는 재판에 찬성하는 입장에서 개별 의견 둘, 보완 의견 하나, 판결에 반대하는 2명의 재판관에 의한 반대 의견이다.

판결 이유 부분은 제1항의 '기본적 사실관계'와 제2항부터 제6항까지 상고 이유의 검토, 제7항 '결론'이라는 7개 항으로 구성되어 있다. 각 항목 아래에 한글 가나다순으로 소항목이 있다(저자는 알기 쉽도록 그 내용을 요약한 작은 제목을 붙였다).

우선 "1. 기본적 사실관계"를 검토하겠다. 원문은 약 9쪽이며, 판결 이유가 전체의 절반을 차지한다. 다음 6가지 소항목으로 구성되었다.

1. 기본적 사실관계
　가. 일본의 조선반도 침탈과 강제동원 등
　나. 원고들의 동원과 강제노동 피해 및 귀국 경위
　다. 샌프란시스코 강화조약 체결 등
　라. 청구권 협정 체결의 경위와 내용 등
　마. 청구권 협정 체결에 의한 양국의 조치
　바. 대한민국의 추가 조치

맨 앞의 〈가. 일본의 조선반도 침탈과 강제동원 등〉에서 주목하고 싶은 것은 〈1938년 4월 1일에 '국가총동원법'을 제정·공포하고, 1942년에 '조선인 내지이입 알선 요강'을 제정·실시하여 조선반도 각 지역에서 관알선을 통해 인원을 모집하고, 1944년 10월경부터는 '국민징용령'에 따라 일반 조선인에 대한 징용을 실시했다〉고만 쓰고, 1939년에 실시해 '모집'에 의한 동원은 다루지 않은 것이다.

군이 '모집'의 시기를 다루지 않았으므로 '모집'에는 강제성이 없었음을 인정하는 것처럼 읽힐 수도 있다. 그런데도 판결은 뒤에서 다루는 대로 1941년에 '모집'에 응하여 일본으로 건너간 〈원고3〉을 강제동원 피해자라 하고 있다. 여기에 아주 큰 모순이 내포돼 있다.

원고 2명은
채용 심사에서 합격

다음으로 〈나. 원고들의 동원과 강제노동 피해 및 귀국 경위〉 부분이다. 여기에 원고 경력과 도일渡日 경위, 일본에서 대우 등이 쓰여 있다. 앞에서도 말했지만, 원고들은 4명 모두 징용으로 도일한 것이 아니다. 판결에서 그것을 재확인 하자. 우선 오사카제철소에서 노동한 〈원고1〉과 〈원고2〉다. 그들은 스스로 구인에 응하여 시험을 보고 합격해서 훈련공으로 취직했다.

구 일본제철(재판에서 신일철주금은 자사自社는 법적으로 일본제철과 동일한 회사가 아니라고 계속 주장했지만, 판결은 그것을 배척했다. 그러한 입장에서 판결은 "구 일본제철"이라는 호칭을 사용하고 있다: 저자 주)은 1943년경 평양에서 오사카제철소 공원모집 광고를 냈는데 (중략), 1943년 9월경 그 광고를 보고, 기술을 습득하여 일본에서 취직할 수 있다는 점에 끌려 응모한 다음, 구 일본제철의 모집담당자와 면접을 하고 합격하여 위 담당자의 인솔 하에 구 일본제철 오사카제철소로 간 뒤 훈련공으로 노역에 종사하였다.

일본에서의 재판(2001년 3월 27일 오사카 지방재판소의 1심 판결)에 따르면, 〈원고1〉과 〈원고2〉가 받은 심사는 100명 모집에 500명이 응모하여 5배의 경쟁률이었다고 한다.

응모하여 일본에 온 2명

다음으로 〈원고3〉은 1941년, 일본제철이 조선으로 건너가 노동자를 모집한 '모집' 시기에 도일하였다.

1941년 충남 대전시장의 추천을 받아 보국대로 동원되어 구 일본제철의 모집담당관의 인솔에 따라 일본으로 건너가 구 일본제철의 가마이시釜石제철소에서 코크스를 용광로에 넣고 용광로에서 철이 나오면 다시 가마에 넣는 등의 노역에 종사하였다.

구 일본제철 모집담당자 인솔로 도일했다고 하는 점도 '모집'에 의한 도일이었음을 뒷받침하고 있다. 이 시기는 '모집' 형태 이외에 많은 노동자가 개별적으로 돈벌이를 위해 도항渡航했다. 시장의 추천은 희망자가 많은 가운데 그중에서 선발되었다고 하는 의미를 갖는다고 생각된다.

마지막으로, 〈원고4〉에 관한 판결 기록이다. 〈원고4〉는 1943년 1월 경, 군산부(지금의 군산시) 지시를 받고 모집되어 구 일본제철 인솔자를 따라 일본으로 건너갔다. '관알선'의 시기이지만 '모집'으로 쓰여 있다.[13] 징용에 의한 도항이 아니라는 것은 명백하다.

이상에서 본 것처럼 원고 4명 중에 징용으로 도일한 자는 단 한 명도 없다.

무보수·폭력은 사실인가?

4명 원고들은 모두 임금을 받지 못했거나 폭행을 당했다는 식으로 진술하였다고 쓰여 있다. 그러나 판결문에 적힌 사실관계가 역사적으로 증명된 사실이라고는 말할 수 없다. 신일철주금을 시작으로 하는 소송이 제기된 일본 기업은 당시 회사와 지금 자사가 법적으로 연속되지 않는다고 주장한 탓도 있어서, 당시의 노동 환경이나 생활 조건 등에 대하여 법정에서 사실관계를 다투지 않고 있다. 그 결과 원고 측의 주장이 그대로 판결에 기재되어 버린 것이다.

원고와 그들을 지원하는 변호사나 지원자들은 마치 판결문에 쓰인 내용이 법적으로 확정된 사실인 것처럼 홍보한다. 바로 그렇기 때문에

---

13 역자 주: 1942년 9월부터 '관알선'이 시작되어 1944년 9월까지 지속되었다. 그러나 이 시기에도 자유로운 '모집' 방식이 종종 이용되었다. 이는 '징용'이 실시된 1944년 9월 이후에도 마찬가지이다. 이때도 '모집'이나 '관알선'이 이루어졌음을 보여 주는 사료를 발견할 수 있다. 역자는 이런 점에서 노무동원의 전체 기간을 '모집' 시기, '관알선' 시기, '징용' 시기로 나누는 저자의 의견에 동의하지 않는다. 1942년 2월과 1944년 9월은 단지 '관알선'과 '징용'이 시작된 시점으로 보아야 한다.

사실에 발을 딛고 선 반론이 필요한 것이다.

당시 임금을 저금하는 것은 널리 행해지고 있었다. 그래도 상당한 금액이 근로자들 수중에 있었던 예가 많다는 것이 한국 기예의 경제사학자인 이우연(낙성대경제연구소 연구위원)의 실증연구 등에서 명확하게 입증되었다[14]. 게다가 미불 임금이나 저금은 한국 정부에 의하여 두 차례에 걸쳐 청산되었다. 원고들에게도 그런 기회는 있었다.

폭행에 대해서도 언제 어디에서 누구에게 당했는지가 분명하지 않다. 또 하나 놓쳐서는 안 되는 것은 후술하는 바와 같이 판결에서 지불을 명령한 위자료는 개별적인 급료 미불, 폭행 등 나쁜 처우에 대한 것이 아니라 불법적인 통치를 전제로 한 동원 그 자체에 대한 것이라는 점이다.

그러한 입장에서라면 임금을 받아 돈벌이를 하고 돌아간 보통의 전시노동자에게도 위자료 청구권은 있는 것이다. '일본 통치불법론'을 인정할 수 없는 이유이다.

보상은 이미 끝났다

다음으로 〈다. 샌프란시스코 강화조약 체결 등〉, 〈라. 청구권 협정 체결의 경위와 내용 등〉, 〈마. 청구권 협정

---

14 「전시말기 일본으로 노무동원된 조선인 광부(석탄, 금속)의 임금과 민족 간 격차, 戰時末期日本 へ勞務動員된 朝鮮人鑛夫(石炭, 金屬)의 賃金と民族間格差」, 『에너지사 연구: 석탄을 중심으로, エネルギイー史硏究: 石炭を中心に』 32, 규슈대학 부속도서관 부설 기록 자료관 산업경제 자료부문, 九州大學 付屬圖書館 附設 記錄資料館 産業經齊資料部門, 2017. 3, 또 『산케이신문』이 2017년 4월 11일, 이 논문을 자세히 소개했다.

체결에 의한 양국의 조치〉, 〈바. 대한민국의 추가 조치〉에 대하여 다루어 보겠다. 여기에는 일본 측이 판결을 비판하는 근거로 사용하고 있는 몇 개의 중요한 사실이 명기되어 있다.

- 청구권 협정 제2조에 "청구권에 관한 문제가 완전히 그리고 최종적으로 해결된다는 것을 확인한다"는 규정이 있다는 것.
- 협정 부속 문서 「합의의사록」에 〈완전히 그리고 최종적으로 해결된 것으로 되는 양국 및 그 국민의 재산, 권리 및 이익과 양국 및 그 국민 간의 청구권에 관한 문제에는 한일회담에서 한국 측으로부터 제출된 「한국의 대일 청구요강」(소위 8개 항목) 범위에 속하는 모든 청구가 포함되어 있고, 따라서 동 대일 청구요강에 관해서는 어떠한 주장도 할 수 없게 됨을 확인하였다〉고 기술되어 있다는 것.
- 청구권자금을 수취한 후 한국이 행한 개인 보상을 위하여 〈대한민국이 1977년까지 8만 3,519건에 대하여 총 91억 8,769만 3,000원의 보상금(무상 제공된 청구권자금 3억 달러의 약 9.7%에 해당한다)을 지급하였는데, 그중에서 피징용 사망자에 대한 청구권 보상금으로 8,552건에 대해 1인당 30만 원씩 총 25억 6560만 원을 지급〉하였다고 기술.
- 일본이 1965년에 한국의 청구권을 소멸시키는 입법 조치를 행한 것.
- 노무현 정권이 만든 「민관공동위원회」[15]가 2005년에 3억 달러에는 피해자 보상금을 위한 자금이 포괄적으로 감안되어 있었지만, 한국 정

---

15 「한일회담문서 공개 후속대책 민관공동위원회」. 자세한 것은 본서 6장 참조.

부의 보상은 불충분했다는 공식 견해를 공표한 것.

• 한국이 2007년부터 재차 개인 보상을 실시한 것. 사망자와 행방불명
자에게는 위로금 2000만 원, 부상 피해자에게는 부상 정도에 따라
최고 2000만 원, 생존자 또는 상기 기간 내에 국외로 강제동원되고
국내로 귀환한 자에게는 본인에 한해서 의료지원금 연간 80만 원,
미수금 피해자 또는 그 유족에게 일본의 1엔을 2,000원으로 환산한
지원금을 지급했다고 기술.

판결은 위의 사실을 인정한 뒤에 일본 기업에 배상하라고 명령한 것
이다. 왜 이와 같은 결론이 나온 것일까? 역시 비밀은 앞에서 지적한
'일본 통치불법론'에 있다. 필자가 거듭하여 주장하고 있는 것과 같이
여기에서 열거한 청구권 협정을 둘러싼 전후 처리 사실을 보여 주는 것
만으로는 일본의 반론으로 불충분하다. 전시노동자는 민간 기업에서
임금노동에 종사했을 뿐이므로 거기에서 배상이 발생할 만한 불법성은
없다는 점을 전시노동의 실태를 구체적으로 보여 주며 반론할 필요가
있는 것이다. 지금까지의 판결 비판에서 잘 알 수 있지 않은가.

'위반'이 된 일본의 사법 판단

다음으로 신일철주금 측의 상고 이유를
검토하여 배척한 부분을 살펴보겠다.

판결문에서는 항목2로부터 6까지이며, 신일철주금 측이 상고 이유

로 제기한 논점 5개를 검토한 뒤 모두 배척하고 있다. 판결문에서는 상고 이유 '제1점'부터 '제5점'으로밖에 기술하지 않고 있지만, 그 논점을 내 나름대로 정리하여 화살표(→) 다음에 부기하면 다음과 같다.

2. 상고 이유 제1점에 관하여 → 일본의 확정판결의 효력
3. 상고 이유 제2점에 관하여 → 구 일본제철과 피고의 법적 동일성의 여하
4. 상고 이유 제3점에 관하여 → 청구권 협정에 의한 원고의 청구권 소멸의 당부當否
5. 상고 이유 제4점에 관하여 → 시효
6. 상고 이유 제5점에 관하여 → 위자료 산정의 적당성

이 속에서 지면의 관계가 있고, 제3항목의 구 회사와 피고의 법적 동일성, 제5항목의 시효, 제6항목의 위자료 산정에 관한 부분은 나의 전문 분야가 아니므로 다루지 않는다. 법률 전문가에 의한 반론을 기대한다.

가장 중요하다고 생각되는 두 가지, 즉 일본의 확정판결 효력, 청구권 협정에 의한 원고의 청구권 소멸의 당부에 대해서 검토하고 비판하겠다.

신일철주금 측은 상고 이유로 이미 일본 재판소에서 확정판결이 나왔다는 점을 들었다. 〈원고1〉과 〈원고2〉는 1997년 12월에 일본에서도 소송을 제기하고, 2001년 3월에는 오사카 지방재판소에서, 2002년 11월에는 오사카 고등재판소에서, 2003년 10월에는 최고재판소에서 패

소했다. 결국 일본에서의 사법 판단은 신일철주금의 법적 책임은 없다고 확정하였다.

그것을 배척하려 한다면 일본의 사법 판단이 한국의 공서양속公序良俗에 반反한다고 단정하는 것 외에는 길이 없다. 놀랍게도 한국 대법원은 그러한 놀랄만한 판단을 내렸다.

한국 대법원은 일본의 확정판결은 한국의 '선량한 풍속이나 그 밖의 사회질서에 위반된다'고 했다. 일본의 사법 판단은 한국의 공서양속에 반하기 때문에 무효라고 한국 사법이 선언한 것이다. 일본에는 굴욕적이며 놀랄만한 내용이었다. 그 부분을 인용한다.

일본에서의 판결이 한반도와 한국인에 대한 일본의 식민지배가 합법적이라는 규범적 인식을 전제로 하여 일제의 '국가총동원법'과 '국민징용령'을 한반도와 〈원고1〉, 〈원고2〉에게 적용하는 것이 유효하다고 평가한 이상, 이러한 판결 이유가 담긴 이 사건의 일본 판결을 그대로 승인하는 것은 대한민국의 선량한 풍속이나 그 밖의 사회질서에 위반하는 것이고, 따라서 우리나라에서 이 사건의 일본 판결을 승인하여 그 효력을 인정할 수는 없다고 판단하였다.

한국 대법원이 의거하는 '일본 통치불법론'이 근거로 제시되고 있다. 거듭 강조하지만 이번 확정판결 제1의 문제점은 바로 여기에 있다.

한국 대법원이 이와 같은 판단을 내린 결과, 일본과 한국의 법질서가 정면으로 충돌하는 이상사태가 발생했다. 바로 그렇기 때문에 이 부당판결은 한일 관계의 기초를 흔드는 것이라고 비판받고 있는 것이다.

압류는 도둑질과도 같다

원고들은 신일철주금의 한국 내 재산을 압류하는 법적 절차를 시작했다. 2018년 12월 31일에 대구지방법원 포항 지원에 압류를 위한 신청서를 제출했다. 대법원의 확정판결이 있었기 때문에 그 행위는 '합법'이고 법원도 그 절차를 인정했다. 다음 해 2019년 1월 9일, 신일철주금에 재산압류를 통지했다.

문재인 대통령은 압류의 효력이 발생한 직후인 1월 10일, 회견에서 삼권분립 원칙을 들고 나와 "한국 정부로서는 한국 사법부의 판결을 존중하지 않으면 안 되고, 일본도 기본적으로 불만이 있다고 해도 그 부분은 하는 수 없다는 인식을 갖지 않으면 안 된다"며 일본을 비난했다. 받아들일 수 없는 발언이다.

행정부인 일본 정부는 삼권분립 원칙에 의해 당연히 입법부와 사법부가 정한 일본의 법질서에 따른다. 일본 입법부는 1965년에 조약과 협정을 비준할 때 법률(재산 및 청구권에 관한 문제의 해결 및 경제협력에 관한 일본국과 대한민국 간의 협정 제2조의 실시에 수반하는 대한민국 등의 재산권에 대한 조치에 관한 법률)을 제정하여 한국인이 일본인(법인 포함)에 대해 갖고 있는 채권을 소멸시켰다. 그것을 전제로 해서 이 재판 이전에 일본의 최고재판소는 원고 패소의 확정판결을 내렸다. 따라서 「서문」에 서술한 것과 같이 일본의 법질서 하에서는 원고들이 이번에 행한 일본 기업의 재산압류는 사유재산 침해인 것이다.

　원고의 대리인들이 방일하여 기업을 방문한다든가 기자회견 등을 할 수 있다는 것은 전적으로 비정상적이다. 일본 정부는 압류된 주식이 현금화되고 기업에 실제로 손해가 발생한다면 대항 조치를 취하겠다고 한국 정부에 통보하였다. 한국 제품에 대한 관세 인상 등이 준비되고 있고, 관세를 정하는 것은 주권행위이다. 미국 도널드 트럼프 대통령도 중국에 대한 제재로 관세의 대폭 인상을 시행하고 있다. 일본 정부는 그 이유를 이해하기 쉽게 국제사회에 설명하면서 반드시 대항 조치를 실행해야 한다고 여기에서 강조해 둔다.

손해배상청구권을
둘러싸고

　　　　　　　　　　　판결 비판을 이어가겠다. 다음으로 〈4. 상고 이유 3점〉, 즉 청구권 협정에 의한 원고의 청구권 소멸 당부에 관한 논의를 살펴보고자 한다. 이 부분은 상고 이유를 검토하는 데 가장 역점이 주어졌고 상당히 길다. 우선 전체의 구성을 파악해보겠다.

　가. 조약이나 협정의 해석에 있어서의 원칙

　나. 손해배상청구권은 청구권 협정에 포함되지 않는다.

　　(1) 원고는 미지급 임금이나 보상금이 아니라, 불법적인 통치의 위자료를 요구하고 있다.

(2) 청구권 협정은 불법한 지배에 대한 배상의 협상이 아니다.

(3) 한국 정부의 두 번의 개인 보상은 도의적 차원이므로 개인 청구권은 남아 있다.

(4) 일본이 불법성을 인정하지 않고 있기 때문에 개인 청구권은 남아 있다.

(5) 한일 교섭에서의 한국대표 발언은 방편일 뿐이다.

다. 논의의 총괄, 그리고 포기된 것은 외교적 보호권뿐이라고 하는 일본의 공식적인 입장에 대하여

고용도, 장기 계약도 '반인도적?'

판결은 〈가〉에서 협약이나 협정 해석에 있어서 원칙을 서술하고, 다음으로 〈나〉의 글머리에서 "원고들이 주장하는 피해에 대한 손해배상청구권은 청구권 협정 적용 대상에 포함된다고 볼 수 없다"고 하는 견해를 나타낸다.

다음으로 그 이유를 (1)부터 (5)까지 아주 길게 열거한다. 하나씩 검토하겠다.

제일 앞에 있는 (1)에서는 "원고는 미지급 임금이나 보상금이 아니라, 불법적인 통치의 위자료를 요구하고 있다"고 논한다. 이것이 내가 거듭하여 강조해 온 '일본 통치불법론'을 정리·기술하고 있는 부분이다. 중요하므로 해당 부분 전체를 인용한다.

(1) 우선 이 사건에서 문제되는 원고들의 손해배상청구권은, 일본 정부의 한반도에 대한 불법적인 식민지배 및 침략전쟁의 수행과 직결된 일본 기업의 반인도적인 불법행위를 전제로 하는 강제동원 피해자의 일본 기업에 대한 위자료청구권(이하 '강제동원위자료 청구권'이라고 한다)이라는 점을 분명히 해 두어야 한다. 원고들은 피고를 상대로 미지급 임금이나 보상금을 청구하고 있는 것이 아니고, 이와 같은 위자료를 청구하고 있는 것이다.

일본 기업이 국책인 전쟁 수행에 필요한 생산을 위해 국책에 따라 동원된 조선인 노동자에게 임금을 지불하고 장기 계약을 맺어 고용한 것이 여기에서는 '반인도적인 불법행위'로 단정되고 있다. 그 전제는 일본의 통치가 본래 '불법적인 식민지배'였다고 하는 역사인식에서 비롯되었다. 불법행위에는 위자료가 발생한다. 원고는 미지급 임금이나 보상금이라는 재산 관계의 청산을 요구하고 있는 것이 아니라, 불법행위에 대한 위자료를 요구하고 있다고 판결은 선언하였다.

역사적 경위와 국제법을 뒤집어엎다

다음의 3장에서 언급하겠지만 한국은 승전국이 아니므로 샌프란시스코 강화조약에서 배상청구권을 인정받지 못했다. 단지 재산 관계의 청산만이 인정되었다. 여기에는 미지급 임금이나 보상금 등이 포함된다. 그 정산은 1965년의 조약과 협정으로 해결되었다고 한일 양국은 인정했다.

그런데 판결은 그러한 역사적 경위와 국제법적인 해석을 모두 일방적으로 뒤엎고 '일본 통치불법론'을 들고 나와 일본 기업에 위자료를 지불하라고 명령한 것이다.

판결은 (1)의 논거로서 ①부터 ④까지를 열거하고 있다.

①에서는 구 일본제철이 '불법적인 침략전쟁'을 수행하는 일본 정부에 적극적으로 협조하여 인력을 확충했다고 한다. 조선 통치뿐만 아니라 대동아전쟁에 대해서도 '불법적인 침략전쟁'으로 단정하고 있다. 단, 반복하지만 한국은 승전국이 아니었으므로 예를 들면 '불법적인 침략전쟁'이라는 인식에 입각하더라도 위자료 배상을 받을 자격이 없다. 불법적인 통치의 결과로 불법적인 전쟁에 인력이 제공된 것이므로 불법행위라고 하는 논리 구성으로 위자료를 요구하고 있는 것이다.

②에서는 원고들이 '일본 정부와 구 일본제철의 조직적인 기망에 의해 동원되었다'고 단정하였는데 그 이유에서도 '한반도와 한국민들이 일본의 불법적이고 폭압적인 지배를 받고 있었다'는 점을 들고 있다.

③에서는 원고들이 위험한 노동을 억지로 하도록 강제당하고 임금도 받지 못했으며, 도망치려고 하면 폭행당했다고 주장한다. 이 부분은 차후의 사실관계에 깊이 천착한 반론을 전개하기 위해서라도 구체적으로 알아 둘 필요가 있다. 따라서 인용해 둔다.

③ 더욱이 원고들은 성년에 이르지 못한 어린 나이에 가족과 이별하여 생명이나 신체에 위해를 당할 가능성이 매우 높은 열악한 환경에서 위험한

노동에 종사하였고, 구체적인 임금액도 모른 채 강제로 저축을 해야 했으며, 일본 정부의 혹독한 전시 총동원체제에서 외출은 제한되고 항상 감시를 받아 탈출이 불가능하였으며, 탈출 시도가 발각될 경우 심한 구타를 당하기도 하였다.

앞에서도 말했지만 재판이라는 이유로 신일철주금 측은 당시의 사실관계에 대해서는 법정에서 다투지 않았다. 재판에서는 한쪽이 싸우지 않으면 또 다른 한쪽이 주장하는 대로 인정된다. 그러므로 당시의 실태에 대해서 판결문에 쓰인 부분이 사실인식으로 무조건 옳다고 말할 수는 없다.

그러나 한국 대법원의 확정판결에서 사실인식으로서 노예노동과 같은 가혹한 노동환경이었다는 부분이 자세하게 들어간 것은 이후의 국제 홍보에 있어서 일본이 불리한 상황에 몰리는 요소로 작용한다. 바로 그렇기 때문에 전시노동 실태에 깊게 파고드는 반론이 전적으로 필요한 것이다.

④에서 다시 한번 '일본 통치불법론'을 갖고 나와서 위자료가 발생할 수 있는 불법행위가 있었다는 주장을 뒷받침한다.

④ 이러한 구 일본제철의 원고들에 대한 행위는 당시 일본 정부의 한반도에 대한 불법적인 식민지배 및 침략전쟁의 수행과 직결된 반인도적 불법행위에 해당하고 이러한 불법행위로 인하여 원고들이 정신적 고통을 입었음은 경험칙상 명백하다.

체결 후에 다시
문제가 된 위자료

계속해서 판결문은 (2)에서 "손해배상 청구권은 청구권 협정의 적용 대상에 포함되지 않는" 두 번째 이유로 "청구권 협정은 불법적인 지배에 대한 배상의 협상이 아니다"고 주장한다.

그리고 그 논거로서 다음 5개 항을 주장하고 있다.

① 샌프란시스코 강화조약

② 국교 교섭에서 한국 측이 제시한 8개 항목 요구

③ 한국 정부의 『한일회담백서』

④ 청구권 협정과 그 부속 문서

⑤ 2005년 노무현 정권 하의 민관공동위원회의 공식 의견

단적으로 요약하면 1965년의 청구권 협정은 한국의 배상청구권을 인정하지 않는 샌프란시스코 강화조약에 기초한 것으로 여기에서는 "식민지배의 불법성과 직결된 청구권"은 해결되지 않았다.

즉, ① 샌프란시스코 강화조약의 규정도 ② 국교 교섭에서 한국 측이 제시한 8개 항목 요구도 '기본적으로 한일 양국 간의 재정적·민사적 채무 관계에 관한 것이었다.' ③ 한국 정부가 1965년에 발행한 『한일회담 백서』에서도 '샌프란시스코 강화조약 제4조가 한일 간 청구권 문제의 기초가 되었다'고 한 뒤 '한일 간의 청구권 문제에는 배상 청구를 포함시킬

수 없다'는 설명을 하고 있다. ④ 1965년에 '체결된 청구권 협정과 그 부속 문서 어디에도 일본 식민지배의 불법성을 언급하는 내용은 전혀 없'기 때문에 '식민지배의 불법성과 직결되는 청구권까지도 위 대상에 포함된다고 보기는 어렵다.' ⑤ 2005년 노무현 정권 하의 민관공동위원회도 '청구권 협정은 기본적으로 일본의 식민지배 배상을 청구하기 위한 것이 아니라 샌프란시스코 강화조약 제4조에 근거하여 한일 양국 간 재정적·민사적, 채권·채무 관계를 해결하기 위한 것이다'라는 공식 의견을 밝혔다.

위의 주장은 국제법이 국내법에 우선한다는 국제법의 원칙을 무시한 대단히 염려스러운 내용이다. 외교교섭에서는 조약이나 협정을 체결할 때 요구하지 않았던 내용은 스스로 포기한 것으로 간주되고, 체결 후에 다시 문제 삼을 수는 없다. 한국 대법원의 판결은 자국이 교섭에서 특별히 요구하지 않았다고 인정하고 있다. 바꾸어 말하면 그것은 이제는 국제법상 갖고 나올 수 없는 것임을 스스로 인정하고 있는 것이다. 그런데도 지금에 이르러 위자료 운운하며 나오는 것 자체가 외교교섭을 모르는 터무니없는 일임이 분명하다.

강화조약을 날림으로 곡해?

이상과 같이 (2)의 입론 그 자체가 국제법에 반하는 것이지만 세세한 논의에도 이상한 점이 많다. 권말 자료 판결문을 꼭 읽어봐 주길 바란다. 여기에서는 ①부터 순서대로 구체적인 문제점에 대해 지적하겠다.

①에서는 샌프란시스코 강화조약 제4조 (a)의 인용이 이상하다. 작은 따옴표에 들어가 있음에도 불구하고 실제의 정문正文이 아니라 한국 대법원에 의한 요약이 기술되어 있어서 엄밀성이 없다. 조약 정문은 일본어, 영어, 프랑스어, 스페인어가 있다. 그 부분의 영문 정문과 판결을 비교해본다.

조약 정문

제4조 (a)가 조항 (b)의 규정을 유보하여 일본국 및 그 국민의 재산으로 제2조에서 언급한 지역에 있는 것과 일본국 및 그 국민의 청구권(채권을 포함한다)으로서 현재 이들 지역의 시정施政을 행하고 있는 당국 및 그 주민(법인을 포함한다)에 대한 것의 처리 및 일본국에 있는 이들 당국 및 주민의 재산 및 일본국 및 그 국민에 대한 이들 당국 및 주민의 청구권(채권을 포함한다)의 처리는 일본국과 이들 당국 간의 특별계약의 주제로 한다. 제2조에서 언급하는 지역에 있는 연합국 또는 그 국민의 재산은 아직 반환되지 않은 한, 시정을 행하고 있는 당국이 현재의 상태로 반환해야 한다(국민이라는 말은 이 조약에서 사용될 때는 언제나 법인을 포함한다).

(b) 일본국은 제2조 및 제3조에서 언급한 지역의 어딘가에 있는 합중국 군정에 의해 또는 그 지령에 따라 행해진 일본국 및 그 국민의 재산 처리의 효력을 승인한다.

판결

샌프란시스코 강화조약 제4조 (a)는 "일본의 통치로부터 이탈된 지역(대한민국도 이에 해당)의 시정 당국 및 그 국민과 일본 및 일본 국민 간의 재산상 채권·채무 관계는 이러한 당국과 일본 간의 특별약정으로써 처리한다"고 규정하였다.

주목해 주었으면 하는 것은 조약 정문에서는 일본이 한국에 청구해야 할 '일본국 및 그 국민의 재산으로서 제2조에서 언급되는 지역에 있는 것 및 일본국 및 그 국민의 청구권(채권을 포함한다)으로서, 현재 이들 지역의 시정을 행하고 있는 당국 및 그 주민(법인을 포함한다)에 대한 것'이 먼저 나와 있다는 것이다. 다시 말하면, 일본도 한국에 대하여 청구권이 있다고 명기되어 있다. 판결에서는 그 부분을 '재산상의 채권·채무 관계'라는 말로 요약하여 기술하고 있다.

전술했는데, 한국은 샌프란시스코 강화조약 체약국이 되지 못했다. 바꾸어 말하면, 전승국으로 인정되지 않았다. 전승국은 배상을 받을 자격을 얻는다. 일본으로 하여금 한국의 독립을 인정하게 한 동 조약은 일본의 한국에 대한 배상 지불을 명령하지 않았고, 단순히 일본 통치의 종료에 당면하여 미청산이었던 양측의 채권·채무 관계를 처리할 것만을 명령했던 것이다.

이것이 국제법의 현실이다. 한일은 이 위에 서서 15년간의 오랜 교섭을 거쳐 1965년에 기본조약과 청구권 협정 등을 맺었다. 판결은 그 경위를 뒤집어엎으려 하고 있다.

국제법을 무시하는 요구

일본은 한국에다 어마어마하게 많은 민간인 재산을 두고 떠나왔다. 그것을 미군이 접수하고 한국 정부에 인도했다. 일본은 샌프란시스코 강화조약 제4조의 (b)에서 그 처리를 승인했다.

헤이그Hague육전조약陸戰條約(1899년 네덜란드 헤이그에서 열린 제1회 만국평화회의에서 채택된 육전에서의 무력행사 등에 관한 규칙에 대하여 정한 다국 간 조약)에 의하면, 전승국도 패전국의 민간 재산을 무상으로 몰수할 수 없다. 그러므로 당초 일본 정부는 민간인의 청구권은 남아 있다고 하여 한일 국교 교섭에서 한국이 일본에 청구할 수 있는 금액보다 일본이 청구할 수 있는 금액이 더 많다고 주장하였다. 그러나 최종적으로 일본은 1965년의 협정에서 그 부분을 포기한 터라 무상 3억 달러, 유상(저리 차관) 2억 달러라는 당시로서는 어마어마한 거액의 자금을 제공한 것이다.

실은 이때 일본이 포기한 것은 일본인이 조선에 두고 온 재산 청구권만이 아니었다. 전후 한국 정부가 국제법에 반하여 일방적으로 획정한 이승만 라인에 따라 나포된 일본어선 328척, 억류된 어민 3,929명, 사상자 44명의 인적·물적 피해에 대한 청구권도 포기한 것이다.

그 금액은 1964년 당시의 사업자 단체의 산정에 의하면 90억 엔이었다. 내역은 어선의 피해(미귀환선 185척의 가격, 귀환선 142척의 수리비) 24억 엔, 적매물 8억 엔, 사건에 수반하는 지출 2억 엔, 억류 중의 임금 25억 엔, 휴업보상 25억 엔, 사망 장애보상 5억 엔 등이다. 그 속에 보험 등으로 대응할 수 없었던 40억 엔을 일본 정부가 보상했다(藤井賢二, 「이승만 라인으로 한국이 넓힌 것, 『別冊正論』 23號, 産經新聞社, 2015年 3月」).

한국이 1965년의 조약과 협정에 의한 청구권 처리를 부정한다면 일본은 이들 청구권을 한국에 요구하게 된다.

②의 8개 항목을 포함하여 한일 국교 교섭에 대해서는 3장에서 자세히 논하겠다. 반일 정책으로 유명했던 이승만 정권조차 샌프란시스코 강화조약에서 인정되지 않았던 위자료 청구는 하지 않았고 또 불가능했다. 여기에서는 70년 가까이 지나고 나서 그것을 다시 요구하는 무리함을 판결이 스스로 인정하고 있다는 것만 지적해 두겠다.

③은 박정희 정권 시대의 한국 정부가 발행한 백서의 기술이다. 당시의 한국 정부는 ①을 검토하면서 전술한 국제법의 현실을 잘 알고, 그 토대 위에서 국익을 최대한 실현하려고 외교적으로 노력했다. 그것이 『백서』 기술의 이면에 있는 것이다. 자국 정부가 백서에서 국제법상 요구할 수 없다고 쓴 바로 그것을 판결은 명기했다. 판결은 결국 스스로의 요구가 국제법에 기초하지 않는다는 것을 간접적으로 인정하고 있는 것이다.

④에 대해서는 상세하게는 3장에서 살펴보겠는데, 당시 한일의 선인先人들은 첨예하게 대립하는 역사인식을 기본조약과 청구권 협정에 현명하게 집어넣어 국교를 맺었다. 그 지혜와 노력을 부정하는 부당한 말과 다름없다.

⑤에 대해서는 8장에서 상세하게 쓰겠지만, 노무현 정권이 만든 공동위원회(한일회담 문서공개 대책 민관공동위원회)는 2005년 8월, 한일 국교 회담의 외교문서를 검토한 결과, 일본으로부터 받은 무상 3억 달러에는 '강제동원 피해 보상 문제 해결 성격의 자금이 포괄적으로 고려되어 있

다고 보아야 한다'고 하고, 그에 이어 '1975년 한국 정부의 보상 당시 강제동원 부상자를 보상대상으로부터 제외하는 등 도의적 차원으로부터 보아 피해자 보상이 불충분했다'고 자국 정부가 한 보상의 불충분함을 인정하고 '정부 지원 대책을 강구할 것'을 결정하였다.

이상으로 판결의 '청구권 협정은 일본의 불법적인 식민지배에 대한 배상을 청구하기 위한 협정이 아니다'고 하는 주장과 그 논거를 기술한 (2)에 대한 비판을 마친다.

한국 정부의 보상은
도의적이고 인도적인가

다음으로 판결문의 (3)을 검토하겠다. 여기에서는 "한국 정부의 두 번의 개인 보상은 도의적 차원이고, 개인 청구권은 남아 있다"고 주장한다.

박정희 정권과 노무현 정권, 이 두 번에 걸쳐 행해진 한국 정부에 의한 개인 보상은 어디까지나 '도의적 차원', '인도적 차원'의 일이었기 때문에 일본에 대한 개인 청구권은 남아 있다고 주장하는 것이다.

그러나 두 번 모두 미불 임금과 저금을 환불해 주었다. 그것은 다름 아니라 개인이 청구권을 갖고 있기 때문에 지불하였던 것이다. 어떤 청구권, 즉 채권도 일단 한 번 지불받으면 소멸된다. 미불 임금이나 저축을 도의적으로 환불했다는 강변은 통하지 않는다.

다음으로 판결의 (4)인데, 여기에서는 일본이 통치의 불법성을 인정하지 않기 때문에 개인 청구권은 남아 있다고 강변한다.

일본 정부가 식민지배의 불법성을 인정하지 않은 채 강제동원 피해의 법적 배상을 원천적으로 부인하였고, 이에 따라 한일 양국 정부는 일제의 한반도 지배의 성격에 관하여 합의에 이르지 못하였다. 이러한 상황에서 강제동원 위자료 청구권이 청구권 협정의 적용 대상에 포함되어 있다고 보기는 어렵다.

3장에서 논의하겠지만, 일본 정부는 과거 한 번도 '일본 통치불법론'을 인정하지 않았음이 확실하다. 만약 그것이 한국으로서 받아들일 수 없는 것이라면 조약을 맺지 않고 국교를 맺지 않는 선택도 있었다. 그러나 1965년에 그러한 선택을 하지 않고 당시의 국가예산에 필적하는 청구권자금을 수취하였다. 그것을 지금에 이르러서 다시 문제를 삼는다면 한국과의 조약이나 협정은 성립하지 않게 된다.

일본 기업 패소의 결론은
이미 정해져 있었다

다음으로 (5)에서는 한일 교섭 당시 한국대표 발언은 하나의 방편이었다고 말한다. 신일철주금은 재상고 때에 한국 정부가 한일 교섭에서 위자료를 청구하였던 것을 나타내는 외교문서를 새로이 제출했다.

그에 따르면 한국 측이 1961년 5월 10일의 제5회 한일회담 예비회담에서 "타국민을 강제적으로 동원하는 것에 의해 피징용자에게 지워진 정신적·육체적 고통에 대한 보상"이라고 언급한 사실, 1961년 12월 15일의 제6회 한일회담 예비회담에서 "8개 항목에 대한 보상으로서 총액 12억 2000만 달러를 요구하고 그 속의 3억 6400만 달러(약 30%)를 강제동원 피해 보상에 대한 것으로서 산정"했던 사실 등이 명확해졌다.

그런데 판결은 그것들이 '교섭 과정에서 교섭 담당자가 말한 것에 지나지 않고, 13년에 이른 교섭 과정에서 일관되게 주장한 내용도 아니다', '교섭에서 유리한 지위를 점하려는 목적에서 시작된 발언에 지나지 않는다'는 등 교섭에서의 방편으로 취급하며 일축하고 있다.

일본 기업 패소라는 결론이 먼저 나와 있고, 그에 따라 논의하고 있다고밖에 생각되지 않는 논의 진행 방식이다.

개인의 청구권은
남아 있는가?

판결은 〈다〉에서 지금까지 논의를 총괄한 뒤 청구권 협정에서 포기된 것은 개인 청구권 자체가 아니라 외교적 보호권뿐이라고 하는 일본 정부의 공식적 입장에 대해서 언급하고 있다. 이것은 중대한 논점이지만 그것에 대해 겨우 몇 줄밖에 언급하지 않는다. 전체를 인용하겠다.

다. 환송 후 원심이 이와 같은 취지에서 강제동원 위자료 청구권은 청구권 협정의 적용 대상에 포함되지 않는다고 판단한 것은 정당하다. 거기에 상고 이유 주장과 같이 청구권 협정의 적용 대상과 효력에 관한 법리를 오해하는 등의 위법은 없다.

한편 피고는 이 부분 상고 이유에서 강제동원 위자료 청구권이 청구권 협정의 적용 대상에 포함된다는 전제 하에, 청구권 협정으로 포기된 권리가 국가의 외교적 보호권에 한정돼서만 포기되는 것이 아니라 개인 청구권 자체가 포기(소멸)된 것이라는 취지의 주장도 하고 있으나, 이 부분은 환송 후 원심의 가정적 판단에 관한 것으로서 더 나아가 살펴볼 필요 없이 받아들일 수 없다.

일본 내에서도 일본 공산당이나 일부 일본인 변호사들은 과거에 일본 정부가 개인 청구권은 자국 정부가 조약이나 협정으로 포기를 선언해도 소멸되지 않는, 단지 외교적 보호권이 없어질 뿐이라는 취지의 답변을 했던 것을 이유로 판결을 지지하고 있다.

일본 정부는 당해 한국인이 자신의 채권을 소멸시키는 조치에 대하여 일본에서 재판으로 싸울 권리, 소송을 걸 권리까지 소멸된 것은 아니라는 해석을 하고 있을 뿐이다. 그 설명이 일반인이 알기에는 어렵기 때문에 공산당이나 일본인 변호사의 주장이 지금도 일본 내에서 일부 통용되고 있다.

일본 공산당은 신일철주금 확정판결이 나온 직후인 11월 1일, "징용 노동자 문제의 공정한 해결을 요구한다 – 한국 대법원 판결에 대하여"

라는 제목의 견해를 발표했다.[16] 거기에서 우선 "예를 들면 국가 간에 청구권 문제가 해결되었다고 해도 개인의 청구권이 소멸된 것은 아니다 – 이것은 일본 정부 자체가 거듭하여 언명해 온 것이며, 일본 최고재판소 판결에도 명시되어 온 것이다. 일본 정부와 해당 기업은 이 입장에 서서 피해자의 명예와 존엄을 회복하고 공정한 해결을 모색하기 위해 노력을 다해야 할 것이다"라고 주장했다.

이것은 정부의 외교 행위로 고아孤兒의 청구권이 소멸하지 않는다고 하는, 일본 정부가 시베리아 억류자들에 대해 말해 온 내용을 그대로 적용한 논리이다.

그 뒤에 일본 공산당은 구 중국인 노동자가 니시마츠西松건설을 상대로 제기한 재판에서 일본 최고재판소가 2007년 4월에 내린 판결을 원용했다. 구 오사카大阪 시장 하시모토 토오루橋下徹 씨도 역시 니시마츠 판결을 원용하여 아베 정권의 "청구권 협정을 통해 해결됨"이라는 주장에 대해 반론하고 있다.[17]

그러나 반복해서 서술했지만, 중국인의 청구권은 중국 정부가 포기했기 때문에 일본은 지불하지 않았다. 한편 한국인의 청구권은 한국 정

---

16 1장 주 10번 참조.

17 "강제연행"되었다고 주장하는 구 중국인 노동자가 사용자인 니시마츠西松건설을 상대로 제기한 피해 배상 청구재판에서 최고재판소는 일중 공동성명 5항에 의한 청구권 포기에 의해 원고의 청구는 기각하는 한편, 강제연행의 사실을 인정하여 "피해자의 고통은 엄청나게 크다. 관계자의 피해자 구제를 향한 노력이 기대된다"고 말하고 소송 외에서의 자주적인 구제를 요구했다. 그 후 2009년 10월 23일에 니시마츠건설과 원고 측 사이에서 니시마츠건설 측은 강제적으로 연행한 사실을 인정하여 사죄하고, 2억 5000만 엔을 기탁하여 피해 보상과 소식 불명자의 조사, 기념비 설치 등을 목적으로 하는 기금을 적립한다는 내용의 화해가 성립했다.

부가 포기한 것이 아니라 한국 정부가 그에 통합하여 지불할 것을 요구하였으므로 일본은 당시 한국의 1년분의 국가예산에 필적하는 금액을 지불했던 것이다. 그 자금으로 한국 정부는 두 차례나 개인 청구권에 대한 보상을 실시했다. 니시마츠의 경우를 이번 한국인 전시노동자 문제에서 원용하는 논리는 전제가 완전히 다르므로 통하지 않는다.

이 개인의 청구권 소멸 문제에 대하여 판결은 본래 불법행위에 대한 위자료 청구권은 청구권 협정의 적용 대상에 포함되어 있지 않기 때문에 협정에 의해서 소멸되었는지 어떤지를 논의할 필요가 없다며 잘라 말하고 있다.

독자들의 이해를 돕기 위해 판결의 그 부분을 다시 한번 보자.

> 다. 환송 후 원심이 이와 같은 취지에서, 강제동원 위자료 청구권은 청구권 협정의 적용 대상에 포함되지 않는다고 판단한 것은 정당하다. 거기에 상고 이유 주장과 같이 청구권 협정의 적용 대상과 효력에 관한 법리를 오해하는 등의 위법이 없다.
>
> 한편 피고는 이 부분 상고 이유에서, 강제동원 위자료 청구권이 청구권 협정의 적용 대상에 포함된다는 전제 하에, 청구권 협정으로 포기된 권리가 국가의 외교적 보호권에 한정돼서만 포기된 것이 아니라 개인 청구권 자체가 포기(소멸)된 것이라는 취지의 주장도 하고 있으나, 이 부분은 환송 후 원심의 가정적 판단에 관한 것으로서 더 나아가 살펴볼 필요 없이 받아들일 수 없다.

판결문은 2012년 5월 대법원의 환송판결과 그에 따라 나온 고등법원의 번복 판결을 전제로 하여, 그에 대해서 신일철주금이 제출한 상고이유에 대한 반론이라는 형식으로 쓰여 있다. 그러므로 전제가 되는 판결과 상고 이유 없이 이것만 읽으면 이해하기란 쉽지 않다.

필자는 법률 전문가가 아니므로 대략적인 설명만을 하겠다. 상고 이유에서 신일철주금은 "청구권 협정에서 포기된 권리가 국가의 외교적 보호권에 한정되어 포기된 것이 아니라 개인 청구권 자체가 포기(소멸)된 것이라는 취지의 주장"을 하였다.

중국인 노동자나 시베리아 억류 일본인들의 경우에는 자국 정부가 일방적으로 청구권을 포기해 버렸다. 때문에 정부가 개인의 권리를 동의 없이 포기할 수 없다는 입장에서 그들이 포기한 것은 외교적 보호권이었다. 청구권 자체는 남아 있다는 해석이 성립한다.

그러나 한국의 경우는 한국 정부가 자국민이 수취해야 할 것까지 포함하여 수취했으므로 채권 대상이 일본에서 한국 정부로 옮겨졌고, 한국 정부는 개인 보상을 실시하였다. 그러므로 신일철주금은 "개인 청구권 자체가 포기(소멸)되었다"고 주장했다.

그에 대해서 대법원은 신일철주금 논의는 원고들의 위자료 청구권이 청구권 협정 적용 범위에 포함된다고 하는 전제에 서 있는 가정 위에서 성립한 것이라고 단정한다. 그것이 판결에 있는 '환송 후의 원심의 가정적 판단'이 의미하는 바이다. 그런데 대법원은 그 전제 자체를 부정하고 있다.

또 하나, 일본 공산당의 견해에서 간과할 수 없는 것이 있다. 일본 공산당은 이번의 한국 대법원 판결이 미불 임금이 아니라 "조선반도에 대한 일본의 불법적인 식민지지배와 침략전쟁의 수행에 직결된 일본 기업의 반인도적 불법행위·강제동원에 대한 위자료"를 문제로 삼고 있다고 인정하면서도 내가 여기까지 써 온 내용과 논리의 위험성에 대해서는 전혀 언급하지 않는다. 그러면서 "일본 정부는 식민지지배의 불법성에 대해 전혀 인정하려 하지 않고, 사죄와 반성을 하지 않았다"면서 한국 대법원의 판결을 옹호한다.

이것은 일본의 공당公黨으로서 몹시 무책임한 말이다. 한국 대법원 판결을 인정하는 순간 일본 국민은 이후 거의 영구적으로 불법통치에 대한 이러저러한 배상 청구를 받을 수밖에 없다. 일본 공산당은 그 책임을 질 것인가?

일본 공산당은 전시노동이라는 역사적 사실에 대해서도 "징용노동자 문제-강제동원 문제는 전시 하 조선반도나 중국 등에서 다수의 사람들을 일본 본토로 동원하고, 일본 기업의 공장이나 탄광 등에서 강제적으로 일을 시키고, 열악한 환경, 중노동, 학대 등에 의해 적지 않은 사람들의 목숨을 빼앗은 침략전쟁·식민지지배와 연결된 중대한 인권 문제"라고 단정하고 있다. 이 책의 후반부에서 자세히 논하는 것처럼 전시노동의 실태는 단지 비참하기만 한 것은 아니었다.

위자료 청구는
무한히 계속 된다

결론적으로 말해서 일본이 이 재판을

받아들이지 않는 근원은 '일본 통치불법론'에 있다.

3장에서 자세하게 논하겠지만, 역대 일본 정부는 지금의 가치관으로 보면 병합과 통치는 "유감이며 두 번 반복하지 않는다"고 하는 도의적 입장을 지금껏 반복하여 표명했다. 또한 제국주의 시대였던 당시의 법질서에서 병합은 국제법상 유효한 것이었다는 입장도 유지해 왔다.

한국은 그런 일본의 입장을 알고 그 위에서 1965년에 일본과 조약을 맺어 지금까지 국교를 유지했다. 양국은 그때부터 현재까지 많은 선인들의 노력으로 우호 관계를 구축해 왔다.

그런데 이 판결은 그러한 일본의 입장은 한국의 공서양속에 반한다고 단정하여 통치 하에서 합법적으로 행해진 전시동원을 불법적인 통치 하에서 행해진 '반인도적인 불법행위'로 단정하고 위자료를 지불하라며 일본의 민간 기업에 명령했다.

이 논리대로라면 일본어 교육을 강제로 받고, 신사참배를 강제로 받았다는 등의 이유로 위자료 청구가 끝없이 이어질지 모른다. 민법상 위자료 청구권은 상속할 수 있는 권리이므로 거의 무한하게 청구가 계속될 수 있다. 때문에 한국 판결은 절대로 받아들일 수 없다.

3
장

옛사람이 만든
한일 국교의 틀을 지켜라

샌프란시스코 강화조약의 교섭 과정에서 이승만 정권은 연합국에
대해 한국을 전승국으로 인정하여 평화조약에 참가하기를 요구했다.
상하이上海나 충칭重慶 등에서 활동했던 임시정부가 일본에 선전포고를
한 것 등이 그 근거였다. 연합국은 그 주장을 인정하지 않았다. 한국을
점령한 미국은 임시정부를 정부로 인정하지 않았고, 김구 정부주석을
비롯한 요인들이 정부의 자격으로 귀국하는 것을 거부했다.
그러므로 한국은 전승국이 받을 수 있는 배상을 청구할 수 없었다.

불일치를
서로 인정하는 지혜

앞의 2장에서 쓴 것처럼, 일본은 1965년 청구권 협정을 체결함에 있어서 '일본 통치불법론'을 받아들이지 않았다. 한국은 그것을 수용하고 당시 자국의 국가예산에 필적하는 3억 달러를 수취하고 일본과 국교를 맺었다. "판결"은 지금에 이르러 그것을 부정하는 것으로 양국의 옛사람들이 맺어 온 한일 우호 관계를 근본으로부터 뒤흔드는 것이다.

1965년 시점에서 선인들은 이 문제에 대해 어떠한 지혜를 발휘했는지 살펴보자.

1992년, 필자가 세상에 발표한 졸저 『일한 관계의 심연日韓關係の深淵』이후, 이와 관련된 점에 대해 계속 글을 써 왔다. 필자는 그때부터 일관되게 한일 우호 기초인 1965년의 과거 처리 방법을 부정해서는 안 된다고 주장했다. 그 책에서는 일본으로부터 수취한 '청구권자금'을 어떠한 방침으로 어디에 사용했는가를 상세히 쓴 『청구권백서』(한국경제기획원, 1976년)의 주요 부분을 자료로 번역하여 게재했다.

15년에 달하는 국교 교섭에서 양국의 현안 사항 중의 하나가 일본 통치시대를 법적으로 어떻게 평가할 것인가 하는 문제였다. 국교 교섭 중에 한국은 "일본의 한국 지배가 국제법 위반의 실력행사에 의한 불법적인 일이다"(『한일회담백서』, 대한민국 정부(1965))라고 해서 병합조약이 당초부터 무효임을 그 내용에 포함시키자고 요구했다. 그에 대해 일본은 병합조약은 "정당한 절차를 밟아 체결된 것이며, 당시 유효하게 성립하여 실행되었던 것이다"라고[18] 주장하여 격렬한 논의가 전개되었다.

일본은 당초 한국이 이미 일본으로부터 분리·독립하여 있던 터라 병합조약은 무효화하였기 때문에 굳이 그것을 쓸 필요는 없다고 주장했다. 최종적으로 양국 관계자가 지혜를 발휘해 기본조약 제2조에 '1910년 8월 22일 이전에 대일본제국과 대한민국 사이에 체결된 전체의 조약 및 협정은 이미 무효인 것이 확인된다'고 써 넣었다.

이와 같은 "이미 무효다"라는 부분에 대해 양국은 각자의 해석을 한 뒤 외교 관계를 맺었다. 역사인식은 완전한 일치가 불가능한 것임을 전제로 하여 양국 간의 불일치를 서로 인정하는 "어그리먼트 낫 투 어그리(Agreement not to agree)" 원칙에 선 지혜로운 해결이었다.

일본은 1910년의 병합조약은 한국이 독립하는 1948년까지 국제법상 유효하고 일본의 통치는 "합법"이라는 입장을 취했다. '이미 무효다'라는 조문은 1948년부터 무효로 되었다는 사실을 나타내고 있을 뿐이

---

18 日本大藏省(1966), 『日韓條約と國內法の解說』.

며, 당초부터 무효였다는 의미는 아니라는 해석이다. 한국도 이 조문에 의해 "병합조약이 당초부터 무효임이 확인되었다"고 해석했다.

양국 정부는 자국 내에서 자국의 해석에 입각하여 설명했다. 그런 뒤 양국 정부는 해석의 차이를 외교 문제로 삼지 않고 해결하였다. 인식의 불일치를 서로가 알면서 조약을 체결하여 과거를 청산한 것이다.

일본의 한국 통치는
합법이지만 유감

사토 에이사쿠佐藤榮作 총리와 시이나 에쓰사부로椎名悦三郎 외무대신은 1965년 11월 19일, 참의원 본회의에서 다음과 같이 답변했다. 의사록으로부터 인용한다.

사토: 당시 대일본제국과 대한제국 사이에 조약이 맺어져 있었습니다. 이 것을 두고 이러저러한 오해를 받고 있습니다만, 조약에 있어서 양자의 완전한 의사, 평등한 입장으로 체결되었음은 두말할 나위가 없습니다. 따라서 이들 조약은 각각 효력을 발생하게 되었습니다. 이 문제가 기본조약 제2조에 의해 이미 효력을 잃었다고 규정되어 있는 것입니다. 그 점에 대해 외무대신께서 상세하게 답을 주셨으면 합니다.

시이나: 기본조약 제2조에 대해 조금 보충합니다. 이것은 종래의 일한 관계에서 체결되었던 구 조약이 객관적으로 무효라는 사실을 선언한 것입니다.

그러면 이 조약이 언제 무효로 되었는가 하는 문제가 남습니다만, 일한 간의 병합조약은 1948년 8월 15일, 조선이 일본의 지배로부터 벗어난 때, 즉 한국이 독립을 선언한 그날로부터 효력을 잃었다는 해석을 취하고 있습니다. 그래서 병합 전의 조약은 각각 조약에서 정한 바의 조건이 성취된 때에 효력을 잃고, 혹은 병합조약의 발효에 즈음하여 효력을 잃는다는 해석을 취하고 있습니다.

단, 일본의 과거에 대한 평가는 또 다른 문제였다. 즉, 한국이 독립국으로 발전하고 있는 현재의 시점에 서게 되면 "과거는 유감이며 반성하고 반복해서는 안 된다"는 정치적·도의적 평가이다. 이것 역시 1965년 시점부터 표명되었다.

1965년 2월 20일, 시이나 외상이 방한했을 때 나온 한일 공동성명에서 "이동원 외무부 장관은 과거의 어느 기간에 양국 국민에게 불행한 관계가 있었다는 이유로 발생한 한국민의 대일 감정에 대해서 설명했다. 시이나 외무대신은 이동원 외무부 장관의 발언에 유의하고, 이와 같은 과거의 관계는 유감이며 깊이 반성하고 있다고 말했다"고 하였다.

전두환 대통령 방일 때인 1984년 9월에 쇼와昭和 천황이 "금세기의 한 시기에 양국 간에 불행한 과거가 있었던 것은 유감이고, 다시 반복되어서는 안 된다고 생각합니다"[19]라고 인사하고, 나카소네 야스히로中曾根康

---

19 1984년 9월 6일, 전두환 대통령 환영 궁중 만찬회에서.

私 총리가 같은 해 8월에 "과거에 폐를 끼치고 참해慘害를 일으켰다. 이 것을 깊이 반성하고 다시 일어나는 일이 없도록 결의하고 있다"[20]고 밝힌 것도 같은 맥락이다.

그 후 노태우 대통령 방일 때의 지금 천황의 말과 무라야마村山 담화도 모두 현재의 시점에서 과거를 되돌아보고 정치적·도의적 평가를 한 것으로 법적 책임을 수반하는, 당초부터 불법·무효라는 한국의 평가와는 계속해서 선을 그어 왔다.

반복해 말하면, 일본 정부의 과거 한국 통치에 관한 평가는 제국주의가 번성했던 당시의 국제법에서는 "합법"·"유효"였지만 한국이 독립한 시점 이후부터의 정치적·도덕적 평가로서 사죄를 해 왔던 것이다.

무라야마 도미이치村山富市 총리도 최대한의 사죄를 포함한 무라야마 담화를 내고 2개월 후에 다음과 같이 답변하며 일본의 입장을 지켰다.

> 한국병합 조약은 당시의 국제관계 등의 역사적 사정 속에서 법적으로 유효하게 체결되고 실시된 것이라고 인식을 하고 있습니다. 그러나 지금 말씀드린 것과 같은 인식과 한국병합 조약에 기초한 통치에 대한 정치적·도의적 평가와는 다른 문제입니다. 정부로서는 조선반도 지역 전체의 사람들에 대해 과거의 한 시기, 우리나라 행위에 의해 참기 어려운 고통과 슬픔을 체험하게 한 것에 대해서 깊은 반성과 유감의 뜻을 종래부터 표명해 왔던 바

---

20 1984년 8월 22일, 나카소네 총리가 한국 보도 관계자와의 회견에서 한 말. 『겐다이코리아現代コリア』 1984년 11·12월 합병호 10쪽.

입니다(1995년 10월 5일 참의원 본회의).

이 답변은 일본 내에서 크게 문제가 되지 않았다. 다만 일본 공산당 기관지 『아카하타赤旗』만이 비판했을 뿐이다. 그러나 그것을 시작으로 북조선이 무라야마가 망언을 했다고 비난을 했고, 한국 매스컴이 그 뒤를 따랐다. 당시 한국 김영삼 정부도 일본에 항의를 했다.

무라야마 총리는 1995년 11월 14일, 김영삼 대통령에게 서한을 보내 사태의 진정을 꾀했지만, 거기에서도 "19세기 후반부터 급속히 발생한 커다란 세력의 차이를 배경으로 하는 쌍방의 불평등한 관계 속에서 한국 병합조약과 그에 선행한 몇 개의 조약이 체결되었다. 그들 조약은 민족의 자결과 존엄을 인정하지 않는 제국주의시대 조약이라는 것은 의심하지 않는다"[21]고 하면서 조약의 유효성에 대해서는 부정하지 않고, "민족의 자결과 존엄을 인정하지 않는 제국주의 시대의 조약이다"라고 하는 당시의 국제법적 틀을 확인하였다.

1965년 당시에 체결되어 현재까지 지속되고 있는 조약의 역사적 평가는 훌륭하다. 나도 이를 높이 평가한다. 일본의 국익을 최대한 지키면서 한국과의 미래지향적 관계의 기초를 세웠기 때문이다.

"합법"이지만 "유감"이라고 하는 두 개의 평가를 동시에 내렸던 시이나 외상을 비롯한 당시 관계자들의 지혜에 경의를 표하고 싶다.

---

21 『아사히신문』, 1995년 11월 14일.

샌프란시스코
강화조약의 틀

반면 한국은 이 조문에 의해 합병조약이 당초부터 무효라고 규정되었으므로 일본의 통치는 불법이었다는 자신들의 주장이 인정되었다는 해석을 취했다.

이동원 외무부 장관은 1965년 8월 8일, 한국 국회 한일조약특별위원회에서 "1910년 8월 22일의 합방조약이나 그 이전에 대한제국과 일본국 간에 맺어진 모든 조약과 협정은 과거 일본의 침략주의 소산이고, 민족 감정이나 일본의 한국지배가 불만이었다는 우리의 기본적 입장으로부터 볼 때, 당연히 무효라는 것은 말할 것도 없습니다. (중략) 정부로서는 1910년 8월 22일 또는 그 이전에 체결된 전체 조약이나 협정은 당초부터 무효라는 것이 기본조약 제2조에서 확인되었다는 것을 여기에서 명백히 하려고 합니다"[22]라고 답변했다.

그러나 2장에서 본 바와 같이, 한일 국교 교섭의 기초가 된 샌프란시스코 강화조약에서는 한국의 이 주장은 인정되지 않았다. 한국 정부도 그것을 사실상 받아들이지 않을 수 없었다. 일본의 통치가 불법이라면 배상이 발생할 것이다. 그러나 강화조약은 그것을 인정하지 않고 한국 정부도 그 틀을 승인하고 국교를 맺었다.

샌프란시스코 강화조약의 교섭 과정에서 이승만 정권은 연합국에 대해 한국을 전승국으로 인정하여 평화조약에 참가하기를 요구했다. 상

---

22 일본연구소 편(1970), 「한일 간 조약과 제협정 비준동의안 심사특별위원회 회의록(발췌)」, 『한일 관계 자료 제1호』, 고려대학 아시아문제연구소, 252쪽.

하이上海나 충칭重慶 등에서 활동했던 임시정부가 일본에 선전포고를 한 것 등이 그 근거였다. 연합국은 그 주장을 인정하지 않았다. 한국을 점령한 미국은 임시정부를 정부로 인정하지 않았고, 김구 정부주석을 비롯한 요인들이 정부의 자격으로 귀국하는 것을 거부했다.

그러므로 한국은 전승국이 받을 수 있는 배상을 청구할 수 없었다. 또 연합국의 식민지에서 전후 독립한 필리핀, 버마(현 미얀마), 인도네시아, 베트남은 배상을 받았다.

강화조약에 의해 일본은 한국의 독립을 승인하는 것과 한국과의 사이에 있는 미청산의 재산 관계를 청산하기 위해 청구권 교섭을 하는 의무를 지게 되었다. 교섭 결과 일본은 무상 3억 달러, 유상 2억 달러를 제공하고 청구권 문제를 "완전히 그리고 최종적으로 해결"했다.

이 자금의 법적 성격에 대해 한국 정부는 1965년 3월에 발행된『한일회담백서』에서 다음과 같이 기록하여 정확한 인식을 표현하고 있다.

> 샌프란시스코 강화조약 제4조의 대일 청구권은 전승국의 배상청구권과는 구별된다. 한국은 불행하게도 샌프란시스코 강화조약 조인 당사국으로서 참가할 수 없었고, 따라서 평화조약 제14조 규정에 따라 전승국이 향유할 「손해 및 고통Damage and Suffering」에 대한 배상청구권을 인정받을 수 없었다.
>
> 청구권 문제와 관련하여 종종 "일제 36년간 식민통치의 대가"로 논의하는 일부 의견은 이와 같이 한일 간의 청구권 문제에 배상 청구를 포함시킬 수 없다고 하는 근본적 입장을 인식하지 못하는 것으로부터 발생하는 일종의 개념 혼동이라고 볼 수 있다.

우리가 일본국에 요구하는 청구권에 국제법을 적용해 보면, 영토의 분리 분할에 수반하는 재정상 및 민사상의 청구권 해결의 문제인 것이다(40~41쪽).

전술한 대로 판결은 『백서』의 이 부분을 기묘하게 해석하고 있지만, 성실하게 이 기술을 읽으면 한국 정부도 명분으로서는 병합불법론을 유지하면서 국제법적으로 배상을 받을 수 없다는 현실적인 입장을 국민에게 설명하고 있었음을 알 수 있다. 관계자의 지혜로 평가되어야 할 것이다.

또 샌프란시스코 강화조약에서는 양국이 상대에 대해 청구권을 요구할 수 있다고 되어 있었다.

5억 달러가 낳은
'한강의 기적'

2장에서도 언급했지만, 일본의 재한在韓 재산은 미 군정청이 접수하고 한국 정부 성립 후에 동 정권에 무상으로 인도하는 처분이 이루어졌다. 거기에서 이승만 정권은 미국 등에 교섭하여 동 조약으로 미 군정청이 행한 일본재산처분을 일본이 승인한다고 쓰게 하는 데 성공했다.

한국은 그 규정에 의해 일본이 청구권을 주장할 수 없게 되었다는 입장을 취했다. 한편 일본은 조선총독부 등 정부기관의 재산은 포기하지만, 민간인 재산에 대해서는 헤이그 육전조약이 점령군의 사유재산 무상몰수를 금지하고 있다는 점을 근거로 일본인의 청구권은 남아 있고, 그 금액은 한국이 일본에 가진 재산과 청구권보다 많다고 주장했다. 그 후 미 국무성의 중개 등이 있었고 일본은 기시 노부스케^{岸信介} 정권 시대에 일본인의 청구권 주장을 취하했다.

일본은 한국의 민간인에 대한 연금, 보상금, 미불 임금, 예금 등은 근거가 있다면 개별적으로 본인에게 지불하겠다고 주장했지만, 한국은 민간인의 청구권도 일괄하여 한국 정부에 지불해 주기를 바란다고 주장했다.[23]

최종적으로 일본은 한국의 요청을 받아들이고, 경제협력자금으로서 무상 3억 달러와 유상(저리 차관) 2억 달러를 제공하는 것으로 청구권 문제가 "완전히 그리고 최종적으로 해결되었다"고 협정에 써넣었다. 당시 일본의 외환준비고는 약 30억 달러였기 때문에 이 5억 달러는 큰 부담으로, 10년 분할로 제공하게 되었다.

---

23 일본 외무성 동북아시아 과장이 작성한 외교문서 「第5次 韓日全面會談豫備會談一般請求權小委員會會合 昭和36. 5. 10」의 22~23쪽에 일본 측 대장성 이재국^{理財局} 차장인 요시다 노부쿠니^{吉田信邦} 주사대리의, 28항에 한국은행 국고부장 이상덕 주사대리의 다음과 같은 발언 기록이 있다.
   요시다: "우리로서는 사망자, 상병자^{傷病者}에 대해서는 가능한 한 만큼은 하고 싶은 마음이다. 유족의 경우에는 상속인에 대해서 원호하는 등이 된다고 생각하는데, 한국 측에서는 구체적인 조사를 하고 그것을 일본 측과 대조를 할 용의가 있는가? (중략) 우리로서는 미수금은 지불해야 하고, 또 지불할 수 있는 조치가 취해져 있는 것이다. 이것들은 원래 피징용자가 정식 절차를 거쳐서 그만두었다면 그때 지불할 수 있었는데, 오늘날까지 국교가 정상화하지 않아 지불이 원활하게 행해지지 않았던 것으로, 이것은 양국 정부의 알선으로 하루속히 지불되도록 하는 것이 필요하지 않은가 생각하고 있다."
   이: "본인의 손에 들어가도록 하는 것은 절차의 문제이지만, 그것은 한국 정부에서 국내 조치로 적당히 처리한다. 문제는 실제 금액과 인원수의 문제를 어떻게 생각하는가이고, 지불의 문제는 한국 정부의 손으로 하고 싶다는 입장을 갖고 있다."

당시 한국의 외환준비고는 1억 3000만 달러, 국가예산은 3억 5000만 달러, 무역적자는 수중에 가진 외화를 훨씬 상회하는 2억 9000만 달러였다. 삼성의 창업자인 이병철 회장은 생전 한일의 역사 문제가 부상할 때, "당시 5억 달러는 감사했다"고 술회했다고 한다.[24]

한일 국교를 추진한 박정희 대통령은 야당, 매스컴, 학생들이 격렬하게 반대운동을 전개하는 속에서 1964년에 계엄령, 1965년에 위수령을 선포하고 군대를 동원하여 반대운동을 억압하면서 국교 정상화를 단행했다. 박 대통령은 반대세력에 대해 "나의 무덤에 침을 뱉어라"고 말하였으며, 역사가 이 결단을 평가할 것이라는 신념으로 돌파했다.

박 대통령은 주어진 엄혹한 조건 하에서 어떻게 해서든 자국의 안전과 경제 발전을 이루려고 노력한 자조自助정신이 강한 내셔널리스트였다. 그 심정은 1965년 6월 23일의 한일회담 타결에 즈음하여 다음과 같은 박 대통령 특별담화에 잘 표현되어 있다.

지난 수십 년간, 아니, 수백 년간 우리는 일본과 깊은 원한 속에서 살아왔습니다. 저들은 우리의 독립을 말살하고, 저들은 우리의 부모형제를 살상하고, 그리고 저들은 우리의 재산을 착취했습니다. 과거만 생각을 하면 저들에 대한 우리의 뼈에 사무친 감정은 어느 면에서 봐도 불구대천이라고 말하지 않으면 안 됩니다. 그러나 국민 여러분! 그렇다고 해서 우리가 이 각박한 국제 사회의 경쟁 속에서 과거의 감정에만 집착하고 있을 수는 없습니다. 어제의

---

24 1990년대 초, 필자가 삼성의 도쿄 주재원으로부터 직접 들은 내용이다.

원적怨敵이라고 할지라도 우리의 오늘과 내일을 위해 필요하다면 저들과 손을 잡아야 하는 것이 국리민복을 꾀하는 현명한 처사가 아니겠습니까?

(중략) 모든 문제가 우리만의 희망과 주장대로 해결되는 것이 아닙니다. 그러나 내가 자신을 갖고 말할 수 있는 것은 우리가 처하고 있는 바 제반 여건과 선진 제국의 외교 관례에 비추어 우리의 국가이익을 확보하는 데 있어서 최선을 다했다는 사실입니다. 외교는 상대가 있는 것이고, 또 일방적 강요를 의미하는 것은 아닙니다. 그것은 도리와 조리를 헤아려 상호 간에 납득이 있어야 시작하고 타결에 이르는 것입니다.[25]

그러한 입장에 서서 박정희 대통령은 일본의 자금을 귀중하게 사용했다. 피해자들에게 나누어 주면 소비로 끝나고 만다. 통치의 피해는 동원된 사람만 받은 것이 아니라 전 국민이 모두 받았다. 그러한 관점에서 일본으로부터의 자금은 주로 생산재에 한하여 사용하게 되었다. 대한민국 경제기획원이 1976년에 발행한 『청구권자금백서』에 의하면 구체적으로는,

① 전체 국민이 이익을 균등하게 받는다.
② 국민소득이 증가한다.
③ 한국의 주도적 의사로 결정
④ 오래 기념되는 대단위 사업

---

25 日本朝鮮研究所(1965.7), 『朝鮮研究』 41號 45~46쪽 수록의 번역문으로부터 인용.

위와 같은 기준을 세워 서울 부산 간 경부고속도로 건설, 춘천 소양강댐 건설, 포항제철 건설, 농업용 경운기와 동력 살분무기 제조 등에 사용되었다. 독직에 의해 낭비되지 않도록 시멘트 1포대를 사는 것도 대통령의 결재를 받았다고 한다.

그 결과, 일본의 자금은 '한강의 기적'으로 불리는 한국의 고도 경제성장에 크게 기여했다. 『청구권자금백서』에 의하면 동 자금은 1966년부터 1975년까지 한국 경제성장의 약 20%를 기여했다. 졸저『일한 관계의 심연韓日關係の深淵』의 권말에 동 백서의 주요 부분을 자료로 게재하였으므로 관심이 있는 분은 참조하기 바란다.

또 1975년과 2007년의 두 차례, 개인 보상도 실시되었다. 자세하게는 이 책 6장에 썼다.

①안전보장상의 공통의 적 ②공통의 가치관 ③이해관계의 전체적 일치의 3개가 있을 때 두 나라는 동맹 관계나 그에 가까운 우호 관계를 구축할 수 있다. 정확히 1965년부터 현재까지의 한일 관계는 ①북조선과 그 배후의 공산진영이라는 공통의 적을 갖고, ②자유민주주의, 시장경제, 인권, 법의 지배라는 공통의 가치관을 가지며, ③무역이나 투자에서 공통의 이해관계에 서 있고, 미국이라는 매개를 통해서이지만, 사실상의 동맹 관계를 구축해 왔다.

그런데 이번의 부당판결은 그 근저를 붕괴시키는 것이다. 한일 관계를 귀히 여기는 양국의 양식 있는 사람들은 부당판결을 인정해서는 안된다.

4
장

한일 관계를
악화시키는 일본인들

왜 한일 관계가 이토록 이상하게 되었는가? 그 배경에는 일본 내의 친북·반한·반일세력이 의도적으로 한일 관계의 법적 기초를 무너뜨리고, 북조선의 독재정권에 유리한 상황을 만들려고 40년 가까이 활동해 온 사실이 있다. 한일 관계를 악화시키려고 하는 저들의 정치 공작이 그대로 계속 성공하고 있는 것이다.

와다 하루키和田春樹의
정치 공작

　　　　　　　　　　필자는 본서에서 한일 관계를 이토록
나쁘게 만든 원흉으로 부당판결의 토대인 '일본 통치불법론'을 비판해
왔다.

　실은 '통치불법론'을 제공한 것은 일본인이었다. 와다 하루키(도쿄대학
명예교수)나 작가인 오에 겐자부로大江健三郎는 일본 정부로 하여금 '일본 통
치불법론'을 인정하게 하려는, 한일 관계의 근저를 뒤집으려는 운동을
계속 전개해 왔다.

　그렇다면 왜 한일 관계가 이토록 이상하게 되었는가? 그 배경에는
일본 내의 친북·반한·반일세력이 의도적으로 한일 관계의 법적 기초를
무너뜨리고, 북조선의 독재정권에 유리한 상황을 만들려고 40년 가까
이 활동해 온 사실이 있다. 한일 관계를 악화시키려는 저들의 정치 공
작이 그대로 계속 성공하고 있는 것이다.

　그 대표적인 인물인 와다 하루키 씨는 '조일朝日국교촉진협회'라는 단
체 사무국장으로서 고이즈미小泉가 방북하기 이전에는 요코다 메구미

横田めぐみ 씨 납치 사실을 공공연히 의심하는 글을 공표·비판하고, 그 후에도 일본 정부가 전체 피해자의 귀국을 요구하는 것을 계속 비판해 온 인물이다.

와다 씨는 1980년대 이후 일관되게 "일한병합조약은 국제법상 합법적으로 체결된 유효한 것이었다"는 일본 정부의 해석을 "불법으로 체결한 당초부터 무효인 것이었다"는 해석으로 변화시키려는 운동을 진행해 왔다. 그는 오에 겐자부로 등과 함께 1984년 전두환 대통령 방일에 즈음하여 일본 국회에서 사죄 결의를 하도록 하기 위해 서명운동을 진행했다. 그 후에도 국회에서의 과거 사죄 결의를 목표로 하여 지속적인 운동을 해 왔다.[26]

당시 사회당이 그 여세를 몰아 무라야마 정권 수립 때 정권의 공약에 포함시키고, 1995년을 전후戰後 50년 국회 사죄 결의를 할 것을 연립여당에 들어가는 조건으로 제시했다. 그러나 국회 결의가 자민당 내 보수파의 반대로 그들이 생각했던 것처럼 진행되지 않았다. 그 때문에 무라야마 총리는 새로이 총리담화를 발표했다. 이것이 무라야마 담화이다. 그러나 거기에는 와다가 지목한 '일본 통치불법론'이 들어가지 않았다.

와다 씨는 무라야마 담화 3년 전에, 자신의 목표가 일본 정부로 하여금 '일본 통치불법론'을 인정하게 하고 그에 기초하여 보상과 역사 교육을 행하는 것이라며 다음과 같이 확실하게 말했다.

---

26 『韓日關係その歷史と現在』567號 (1992. 4), 岩波書店, 2~13쪽, 「シンポジウムなぜいま「朝日」打開か」. 和田春樹・石坂浩二・後50年決議を求める会編(1996), 『日本は植民地支配をどう考えてきたか』, 梨の木舎.

1910년 한국병합조약은 합의에 의한 것이고, 일본의 조선 통치는 1948년 (대한민국 성립: 저자)까지 합법적인 것이었다는 인식을 일본 국가가 고쳐야 한다는 것입니다. 이것 없이는 사죄는 단지 구두선에 지나지 않아 보상도, 진실한 역사 교육도 불가능합니다. 그러한 인식의 전환은 국회 결의에 의한 것이 바람직합니다.[27]

와다 씨는 그 후에도 단념하지 않고 운동을 계속했다. 무라야마 담화로부터 15년이 지난 뒤인 2010년, 병합조약 체결 100주년을 맞는 해에 일본 총리는 마침 리버럴Liberal파의 간 나오토菅直人였다. 와다 씨의 운동은 정점을 맞이했다.

한일 관계를 악화시킨
일본인 540명

2010년 5월 10일, 와다 하루키 등이 발기인이 되어 '한국병합' 100년 한일 지식인 공동성명이라는 것을 발표하고, 한국과 일본의 지식인에게 대대적으로 선전하며 서명을 받았다.[28] 일본에서는 오에 겐자부로, 강상중姜尚中, 사다카 마코토佐高信, 다카하시 데츠야高橋哲哉(도쿄대학 교수), 다카키 겐이치高木健一(변호사) 등 학자, 문

---

27 동상, 13쪽.

28 和田春樹, 內海愛子, 金泳鎬, 李泰鎮 編(2013), 『日韓歷史問題をどう解くか』, 岩波書店.

화인을 비롯하여 이마즈 히로시今津弘 (전 아사히신문 논설 부주간), 오다가와 고小田川興 (전 아사히신문 편집위원), 야먀무라 히데오山室英男 (전 NHK 해설위원장), 오카모토 아쓰시岡本厚 (잡지 『세카이世界』 편집장) 등 540명이 서명했다.

한국에서는 김대중 정권에서 산업자원부 장관을 담당한 경제학자 김영호(유한대 총장)가 중심이 되어 나종일(전 주일대사), 대표적 친북파인 강만길(고려대학 명예교수), 황석영(작가), 좌파지식인 백낙청(문학평론가), 한승헌(변호사, 전 감사원장), 그에 더하여 현역 언론인으로는 강석천(조선일보 주필), 고광헌(한겨레신문 사장), 배인준(동아일보 주필), 허남진(중앙일보 논설주간) 등 587명이 서명했다.

나는 위의 사람들에게 현재의 한일 관계 악화의 책임이 있다고 생각한다.

공동선언은 2010년 7월 28일, 당시 여당인 민주당의 반노 유타카伴野豊 국제국장에 의해 내각에 제출되었다. 민주당 측으로부터는 "진지하게 받아들여 검토한다"는 취지의 설명이 있었다고 한다.[29] 그들의 움직임에 보조를 맞춰 6월 23일, 한국의 여야 의원 75명이 간 나오토 총리에게 한일병합조약을 "당초부터 무효"라고 선언하도록 요구하는 건의문을 발표했다.[30]

또 일본 국회의원 중에서도 한국 국회의원의 움직임과 연대하려는 움직임이 있었다. 한국 미디어의 보도에 따르면, 민주당의 '전후 보상을

---

29 西岡力(2010), 「謝罪のたびに悪くなった日韓関係—「菅談話」の背後に蠢く輩たちと新たな禍根」 『正論』(通号 463), 産経新聞社.

30 동상.

생각하는 의원연맹戰後補償を考える議員聯盟' 오카자키 도미코岡崎トミ子, 콘노 아즈마今野東, 사이토 츠요시齋藤勁 등이 한국 측 의원들과 공동성명을 낼 준비를 하였다고 한다.[31]

역사인식은 일치하지
않는 것이 당연

　　　　　　　　　　와다 씨 등의 성명이 갖는 가장 큰 문제점은 다음과 같이 한일 양국 정부와 국민의 역사인식을 확실하게 일치시킬 것을 요구하고 있다는 점이다. "2010년을 맞이하여 우리들은 한국병합의 과정이 어떠한 것이었던가, [한국병합조약]을 어떻게 생각해야 할 것인가에 대해 한일 양국 정부와 국민이 공동의 인식을 확인하는 것이 중요하다고 생각한다"(성명문에서).

　나라가 서로 다르면 역사인식은 일치하지 않는다. 사실관계에 대해서는 학자에 의한 엄밀한 논의를 통해 접근할 수 있을지 모른다. 하지만 역사인식은 가치판단을 수반하고, 그 장면에서는 나라마다 당연히 평가가 다르다. 또는 역사인식이 다르다는 이유로 인해 다른 국가를 만들고 있다고도 말할 수 있다. 따라서 와다 씨 등의 한일 역사인식 일치 운동은 결국 일본이 계속해서 사죄를 하고 한국이 그에 대해 반작용으로써 혐한·반한 감정이 쌓이고, 그래도 한국은 항상 만족하지 못하는

31　동상.

악순환을 불러온다.

그들이 추구하는 공통의 인식이란 "한국병합에 이르는 과정이 불의 부당했다는 점과 마찬가지로, 한국병합조약도 불의부당했다"는 것이다. 구체적으로는 일본이 한일기본조약 제2조의 해석을 바꿔서 한일 합병조약은 당초부터 불법무효였다는 한국의 해석 쪽으로 양국의 인식을 일치시켜야 한다는 것이다. 동 성명으로부터 그 부분을 인용하여 둔다.

> 대한민국과 일본은 1965년에 국교를 수립했다. 그때 맺어진 한일기본조약 제2조에서 1910년 8월 22일 및 그 이전에 체결된 전체의 조약 및 협정은 already null and void(이미 법적으로 무효: 필자)라고 선언했다. 그러나 이 조항의 해석이 한일 양국 정부 간에 다르다.
>
> 일본 정부는 병합조약 등은 "대등한 입장에서, 또 자유의사로 맺어"진 것이며, 체결 시부터 효력이 발생하고 유효했지만, 1948년의 대한민국 성립 시에 무효가 되었다고 해석했다. 이에 대해 한국 정부는 "과거 일본의 침략주의의 소산"인 불의부당한 조약은 당초부터 불법무효라고 해석했던 것이다. 병합의 역사에 대해서 오늘날 분명해진 사실과 왜곡됨 없는 인식에 서서 회고하면, 이미 일본 측의 해석을 유지할 수 없다. 병합조약은 원래 불의부당한 것이었다는 의미에서 당초부터 null and void 라고 하는 한국 측의 해석이 양국에서 공통으로 받아들여져야 할 것이다.

일본 정부와 국민이 자기의 인식을 한국의 역사인식에 일치시켜서

45년 전에 체결되어 지금까지 한일 관계를 규정해 온 기본조약의 해석을 바꿀 수 있다고 주장하고 있는 것이다.

병합조약이 당초부터 무효인 것이 되면 당연히 위자료 배상 책임이 생긴다. 한국의 일부 민간단체, 매스컴, 정치가들이 1990년대 이후 계속해서 요구해 온 개인 보상에 대한 법적 근거가 생기게 된다. 그것은 곧 일북日北 국교 교섭에도 영향을 미쳐 북조선 독재정권의 입장을 이롭게 하는 것은 말할 것도 없다.

한국병합 100주년의 '청산'

일본에서는 『아사히신문』 등 소수의 언론밖에 보도하지 않았던 터라 와다 씨 등의 운동과 공동성명에 대해서는 거의 알려지지 않았다. 반면에 한국 매스컴은 그 움직임을 크게 취급하여 주장이 널리 소개되었다. 그 결과 병합 100주년을 맞아 일본 정부가 담화를 낸 것과 담화의 내용으로서 역사인식이 일치한다는 것, 그것도 일본이 한국의 인식에 자신의 인식을 꼭 맞추는 것이 "양심적인 과거 청산"이라는 기준이 성립되고 말았다.

그러한 가운데 간 나오토 총리는 2010년 8월 10일에 한일병합 100주년 담화를 발표했다.[32]

---

32 전게, 와다 하루키 외 편, 『한일 역사 문제의 핵심을 어떻게 풀 것인가』, 55~57쪽에 간 나오토 총리 담화 전문이 수록되어 있다.

정확히 100년 전 8월, 일한병합조약이 체결되고, 이후 36년에 걸친 식민지배가 시작되었습니다. 3·1 독립운동과 같은 격렬한 저항에서도 나타난 대로 당시 한국 사람들은 정치적·군사적 배경 하에서 그 뜻에 반하여 행해진 식민지배에 의해 나라와 문화를 빼앗기고, 민족의 긍지에 깊은 상처를 입었습니다.

나는 역사에 대하여 성실히 마주 대하고 싶습니다. 역사의 사실을 직시할 용기와 그것을 받아들이는 겸허함을 갖고, 자신의 잘못을 반성하는 일에 솔직하고 싶습니다. 아픔을 준 측은 잊기 쉽고, 받은 측은 그것을 쉽게 잊을 수 없는 것입니다. 이 식민지배가 초래한 다대한 손해와 고통에 대해 여기에서 다시 한번 통절한 반성의 충심으로부터 사죄의 마음을 표명합니다.

여기에서 일본의 통치는 "한국인의 뜻에 반"하는 것, 즉 강요되었다고는 했지만 불법이라는 평가로 빠지지는 않았다. 하지만 와다 씨 등의 활동을 한국 매스컴이 크게 보도했으므로, 간 총리가 '일본 통치불법론'을 분명하게 말하지 않은 것에 대해 다수 비판의 목소리가 올라왔다.

이에 대해 이명박 대통령은 "일보 전진으로 평가하지만 과제는 남아 있다"고 진단했다. 당시 보수여당인 한나라당은 "간 총리가 한일강제병합은 한국인의 뜻에 반하였다고 표현, 『조선왕실의궤』 등을 반환할 의향을 표명한 것은 과거보다 일보 전진한 움직임으로 평가할 수 있다. 하지만 강제병합조약의 불법성과 일본군 위안부 강제동원 등에 대해 구체적으로 언급하지 않았던 점은 식민지배의 고통을 확실히 기억하고 있는 한국 국민의 마음을 진정시키는 데는 불충분하다"고 말했다.

당시 한국 좌파야당 민주당은 "한일강제병합은 당초부터 무효라는 선언이 빠졌고, 그 외 식민지배 시기에 있었던 다수의 희생이나 일본군 위안부 문제 등에 대한 언급이 전혀 들어 있지 않다. 성실성에 대해 여전히 의심의 눈길을 보내지 않을 수 없다", "강제징용과 위안부 피해 보상 문제 등에 대해 성의 있는 후속 조치가 수반되어야"한다고 했다. 여기에서 "강제징용의 보상"이 나오는 것을 간과해서는 안 된다(이하 여야의 반응은 한국 보도에 따른다).

본래 병합 100주년이라 해도 1945년에 일본에 의한 한국 통치는 종료되고 그로부터 65년, 즉 100년의 3분의 2에 해당하는 세월이 흘렀다. 1965년에 한일 양국이 과거의 관계를 법적으로 청산하여 국교를 맺은 후부터 계산해도 100년의 거의 절반인 45년이 지났다.

그렇게 생각하면 병합 100년의 시점에서 간 나오토 총리가 사죄 담화를 낸 일은 보통 일이 아니었다. 게다가 한국 여야당으로부터 불충분하다는 비판이 나온 것은 아무리 생각해도 정상적인 관계는 아니다.

그리고 2년 후인 2012년 5월, 한국 대법원은 그때까지 하급심에서 전부 패소한 조선인 전시노동자들에 대한 배상금 지불을 인정하는 파기환송 판결을 내렸다. 그 논리의 골자는 본서에서 상세하게 비판해 온 '일본 통치불법론'이다. 결국 와다 씨 등이 벌인 운동이 한국 대법원에 '일본 통치불법론'이라는, 한일 관계를 악화시키는 논리를 전이시킨 것이다.

한국 대법원의 부당판결로 한일 관계가 악화한 후인 2019년 2월 6일, 와다 씨 등은 224명의 서명을 모아 '2019 시민 지식인 성명'을 발표

했다.[33]

그런데 성명은 어이없게도 판결 당시, '일본 통치불법론'을 지지하는가, 아닌가에 대한 입장을 분명히 하지 않았다. 단지 "20만 명이라는 전시노무동원 피해자와 그 유족의 불만의 목소리가 다시 일한 관계에 격렬한 지진을 일으키고 있다. (중략) 더한층 진지한 대처가 필요하다"고 마치 남의 일처럼 말할 뿐, 판결에 대해서는 전혀 언급하지 않았다. 악화되는 일본 국민의 감정에 소름이 끼쳤을 것이라고도 생각되지만, 와다 씨의 성명 발표는 무책임하다고 말할 수밖에 없다.

한편 조사 연구에 있어서도 문제를 먼저 취급한 것은 일본인이다.

1960년대 이후 일본 내의 조총련이나 일본인 좌파 학자가 전시동원 전체를 "강제연행"이라고 부르기 시작하고, 그러한 입장에서의 조사가 계속되어 왔다. 조총련 산하 조선대학교의 교원이었던 박경식朴慶植이 유명한 『조선인 강제연행의 기록』이라는 책을 낸 것을 시작으로 좌파 일본인과 재일 조선인 학자들이 운동으로서 조사·연구를 시작했다.[34] 한국에서도 우선 학계가 그 영향을 받았고, 매스컴이 점차로 "강제연행"이라고 보도하게 되었다.

한국 정부도 노무현 정권 시대인 2004년, '일제강점하강제동원피해진상규명위원회'를 설립했다. 여기에서 말하는 "강제동원피해"란 "만주

33　성명의 정식 명칭은 "2019년 일본 시민·지식인의 성명, 무라야마 담화, 간 총리 담화에 기초하여 식민지지배를 반성·사죄하는 것이야말로 일한 관계를 계속 발전시키는 열쇠다."『세카이世界』 2019년 3월호 260~262쪽에 전문이 수록되어 있다.

34　역자 주: 朴慶植(1965), 『朝鮮人强制連行の記錄』, 未來社. 한국에서는 2008년에 번역, 출판되었다. 『조선인 강제연행의 기록』, 고즈윈.

사변 이후 태평양전쟁에 이르는 시기에 일제에 의해 강제동원되어 군인, 군속, 노무자, 군위안부 등의 생활을 강요당한 자가 입은 생명, 신체, 재산 등의 피해를 말한다"(일제강점하강제동원피해진상규명 등에 관한 특별법).

일본에서 먼저 문제가 제기되었다. 그것을 한국의 당사자를 자극하여 운동이 시작되었고, 한국 매스컴이 크게 다루면서 한국 정부가 움직이기 시작한, 위안부 문제와 거의 같은 패턴으로 사태가 악화되어 갔다.

일본의 운동가와 좌파 학자들은 2005년, '강제동원 진상규명 네트워크強制動員眞相究明ネットワーク',(당시의 공동대표 우쓰미 아이코內海愛子, 히다 유이치飛田雄一, 우에스 기사토시上杉聰)를 결성하여 한국 정부의 조사를 도왔다. 공동대표의 한사람인 우쓰미 아이코는 2000년의 '여성 국제 전범 법정'에서 도쿄 재판을 "천황의 면책, 식민지의 결락缺落, 성폭력의 미처리"라는 이유로 비판한 학자다.[35] 그들은 일본의 조선 통치가 국제법상 비합법이었다는 입장을 일본 정부가 인정하게 하고, 국가보상을 실시하는 것을 목적으로 하여 대규모 반일운동을 지속하고 있다. 동 네트워크는 자신들의 홈페이지에 올린 [조선인강제동원Q&A]에서 이렇게 주장하고 있다.[36]

"강제연행이 없었다"는 주장의 근본에는 식민지배는 정당한 것이었다는 인식이 있습니다. 일본에 의한 식민지배는 정당한 지배이며, 동원은 합법

35　内海愛子,「戰時性暴力と東京裁判, 内海愛子·高橋哲哉 責任編集」(2000),『戰犯裁判と性暴力』, 綠風出版.

36　https://w,ww.ksyc.jp/sinsou-net/201210renko-QandA.pdf, 2020년 10월 29일 열람.

적이라는 사고방식입니다. 그러나 한국에서는 '한국병합'을 불법·부당한 것으로 파악하고 있고, 일본이 강제적으로 점령한 시기라고 말하고 있습니다. 우선 식민지로 지배한 것을 반성하는 것이 매우 중요합니다.

(중략) 강제적인 동원은 인도에 반하는 불법행위였습니다. 강제연행은 허구나 날조가 아닙니다. 강제연행이 없었다는 선전이 프로파간다(propaganda)이며 허구나 날조입니다. 역사학 연구에서는 전시에 식민지·점령지로부터 민중을 강제적으로 동원한 것을 역사적 사실로 인지되고 있습니다. 역사교과서에서도 그러한 인식이 반영되고, 식민지·점령지로부터 강제적인 동원이 이루어진 것이 기록되어 있습니다. 조선인 강제연행은 그 중의 하나인 것입니다.

반일 일본인들은 일본의 조선 통치를 불법·부당한 것으로 간주하고, 한일 관계 기초를 무너뜨리려는 운동을 1980년대부터 끈질기게 계속해 왔다.

전시노동자 재판을 지원한 것도 일본인

이에 더하여 지적하지 않으면 안 되는 것은 원고들을 찾아내고 자금을 지원하여 우선 일본에서 재판을 제기하게 하고, 패소하면 한국에서 다시 소송을 제기하도록 격려하고 지원한 것도 일본인 변호사나 운동가들이었다는 사실이다.

2019년 1월말 현재, 한국에서 분쟁 중인 재판은 2018년에 이미 확정 판결이 나온 신일철주금 소송 1건과 미쓰미시중공업 소송 2건을 포함하여 합계 15건이다. 소송이 제기된 일본 기업은 70개 회사, 소송을 제기한 원고는 합계 945명이다. 우선 그것을 개관해 두자.

15건의 약 7할을 차지하는 11건은 미쓰비시중공업(5건), 신일철주금(3건), 후지코시不二越 (3건), 3개 회사를 상대로 한 것이다. 이들 3개 회사에 대한 소송에서는 일본에 지원 조직이 있어서 우선 일본에서 재판을 일으켜 패소하고, 그 후 일본에 있는 지원 단체의 원조를 받아 한국에서 재판이 시작됐다는 공통의 특징이 있다.

미쓰비시중공업 재판의 지원 조직은 '나고야 미쓰비시 조선여자근로정신대 소송을 지원하는 모임名古屋三菱朝鮮女子勤勞挺身隊訴訟を支援する會'과 '미쓰비시 히로시마 전 징용노동자 피폭자 재판을 지원하는 모임三菱長崎元徵用工被爆者を支援する會'이다. 나가사키에도 지원 조직이 있다는 정보가 있지만, 자세한 것은 분명하지 않다. 전자는 '금요행동金曜行動'이라고 칭하여 2007년 7월 20일부터 매주 금요일에 미쓰비시중공업이 있는 시나가와品川역 앞에서 유인물 배포와 가두선전활동을 하면서 본사를 항의 방문해 왔다. 2020년 1월 17일의 행동으로 500회를 헤아린다고 한다.[37]

신일철주금 재판 지원 조직은 '일본제철 전 징용노동자 재판을 지원

---

37 「조선 여자근로정신대의 진실(나고야 미쓰비시·조선 여자근로정신대 소송을 지원하는 모임) : 아이치·평화를 위한 전쟁전」, 「朝鮮女子勤勞挺身隊の真実(名古屋三菱朝鮮女子勤勞挺身隊訴訟を支援する会) :あいち平和のための戦争展」, https://sensoten.net/tenji/2020_2_05 2020년 10월 29일 열람.

하는 모임日本製鐵元徵用工裁判を支援する會'이다. 그들은 한국 대법원의 확정판결이 나온 후에도 동 회사 본사로 몰려가 항의 활동을 하고 있다. 이 모임은 1995년부터 활동을 시작하였다. 거의 매월 1~2회, 도쿄 본사와 오사카 지사 앞에서 항의 활동을 하고, 매년 주주총회에 나와 경영자 측을 추궁하고, 또 원고나 지원 단체 간부들을 빈번히 일본으로 불러 본사 등을 항의 방문해 왔다. 그들은 매년 수차례씩 '도쿄총행동'이라고 부르는 쟁의나 재판투쟁을 하고 있는 급진 좌파계 조합이 벌이는 정부나 관련 기업으로의 순회 항의 활동에 참가하고, 다수의 좌파 조합원을 본사 앞으로 데려와 항의 활동을 해 왔다.[38]

후지코시 재판의 지원 조직은 '제2차 후지코시 강제연행·강제노동 소송을 지원하는 북륙연락회第2次不二越強制連行·強制勞動訴訟を支援する北陸連絡會'다. 1992년, 도야마富山 지방재판소에서 재판을 제기한 때부터 활동하고 있다. 동 연락회는 2016년부터 2018년 11월까지 약 3년간 후지코시 도야마 사업소에 가서 12회 항의 활동을 하고, 도쿄 본사에 3회 항의 방문을 하고, 한국으로부터 원고를 불러 주주총회에 3회 참가했다.[39]

이들 지원 조직은 좌파계 노조나 학자, 종교인 등이 주체이며, 현재에 이르기까지 매년 해당 기업의 주주총회에 출석하고, 1년에 몇 차례

---

38 '일철재판을 지원하는 모임' 웹사이트 http://nittetu.blog.fc2.com 2020년 10월 29일 열람. '강제동원 문제 해결과 과거 청산을 위한 공동 행동' 웹사이트 https://181030.jimdofree.com 2020년 10월 29일 열람.「도쿄총행동」웹페이지 https://tokyo-sokodo.blogspot.com 2020년 10월 29일 열람.

39 '후지코시 강제연행·강제노동 소송을 지원하는 북륙연락회(不二越強制連行強制勞働訴訟を支援する北陸連絡會)' 웹페이지. https://fujisosho.exblog.jp 2020년 10월 29일 열람.

씩 기업을 항의 방문하고 있다.

후지코시는 일본에서 처음으로 제기된 1차 소송의 원고들과 화해하여 '해결금'을 지불했다. 2000년 7월, 일본 최고재판소에서 후지코시와 화해가 성립하여 원고 3명, 그들의 전 동료 5명, '태평양전쟁 한국 희생자 유족회'(회장 김경석)에게 합계 3천 수백만 엔의 해결금을 지불했다. 법적 책임은 인정하지 않고 있지만, 격렬한 항의 활동에 패배하여 현금 지불로 대응했다고 말할 수 있다.[40]

김경석 씨는 일본강관 가와자키川崎 전 공원이며, 1991년 일본강관을 상대로 재판을 제기하여 1999년 4월, 고등재판소에서 화해하여 약 400만 엔을 받은 인물이다. 그는 후지코시에서 근무한 경험이 없음에도 불구하고 유족회로서 후지코시로부터도 해결금을 받았다.[41]

항의가 끝날 것을 기대하고 화해한 후치코시였지만, 그 후 같은 지원 조직이 한국에서 다른 원고들을 불러와 일본에서 2차 소송을 제기했다. 그들은 재판에서 패소를 하자 한국에서 다시 재판을 청구했다. 그 때문에 후지코시는 한국에서 재판을 청구받은 시기가 신일철주금이나 미쓰비시중공업에 비하여 늦다.

일본동관과 후지코시가 과거 화해에 응한 것은 정부나 민간의 전문가가 반일 운동으로부터 기업을 확실히 지키지 않았기 때문이다. 이것을 교훈 삼아 이후에는 관민이 함께 기업을 지키는 체제를 만들 필요가

---

40 '카테고리: 관련1, 1차 소송 김경석(13)', '후지코시 강제연행·강제노동 소송을 지원하는 북륙연락회' 홈페이지 수록. https://fujisosho.exblog.jp/i30/.

41 동상.

있다. 그것 없이는 시끄러운 일을 피하고자 화해에 응하여 재단이나 기금에 출자하는 일본 기업이 나올지도 모르는 일이다.

미쓰비시중공업, 신일철주금, 후지코시 이외의 4건 속에는 1명의 원고가 히타치日立 조선을 제소한 것 이외에 나머지 3건은 각각 62명(당초는 252명이었는데, 62명 이외는 취하한 것으로 간주되었다), 667명, 86명이라는 다수의 원고가 각각 3개, 70개, 18개 회사를 통합하여 제소한 것이 특징적이다.

한국 대법원이 2012년에 신일철주금의 선행재판에 있어서 원고패소를 결정한 고등법원의 판결을 기각하고 고등법원으로 환송하는 판결을 내린 후 승소의 가능성을 본 한국 내의 변호사와 운동가의 권유로 인해 다수의 원고가 함께 제소한 것이다.

2018년 11월 29일, 미쓰비시중공업에 대한 2건의 소송에서 배상지불을 명한 확정판결이 나온 시점에서 진행되고 있는 15건의 재판 전체를 개관하여 두자.

위의 판결 이후 고등법원이나 지방법원에서 일본 기업이 패소하는 재판이 계속 나오고 있다. 이후에 그러한 움직임은 가속될 것이다. 또 같은 해 12월 5일, 광주고등법원은 미쓰비시중공업에 배상 지불을 명하는 항소심 판결에서 아직 소송을 제기하지 않은 전 미쓰미시중공업 노동자들이 제소할 수 있는 기간을 대법원 판결이 있었던 10월 30일을 기점으로 최장 3년 뒤로 하는 판단을 제시하였다. 다수의 재판이 새로이 제기될 것으로 예상된다.

또 미쓰비시중공업은 이 3건 전부에서 피고가 되었고, 신일철주금은 뒤의 2건에서 피고가 되었다. 따라서 미쓰비시중공업은 합계 8건, 신일철주금은 합계 5건의 재판에 제소된 것이다. 2018년 11월말 현재의 상황을 개관하여 두자.[42]

I. 미쓰비시중공업을 상대로 하는 5건, 원고 81명

① 1990년대, 일본의 활동가와 변호사들이 지원하여 일본에서 소송을 제기했는데 모두 패소했다. 그 후 원고 5명이 2000년 5월 미쓰비시중공업을 상대로 부산지방법원에 제소했는데 지방법원, 고등법원에서 원고가 패소했다. 그런데 2012년 5월에 대법원 소법정이 "일본의 조선 통치는 위법한 점령"이라는 등의 이유로 1심과 2심의 원고 패소 판결을 파기하고 환송판결을 내렸다.

2013년 7월, 부산고등법원에서 원고가 역전 승소하는 판결이 내려지고, 미쓰비시중공업이 대법원에 재상고했다. 2018년 11월 29일, 대법원이 상고를 기각하고 1인당 8000만 원의 지불을 명하는 확정판결을 내렸다.

② 원고는 근로정신대로서 미쓰미시중공업 나고야 공장에 동원된 여성들 5명이다. 총 5억 6000만 원을 청구하였다. 2013년 11월, 광주지방법원에서 원고가 일부 승소하였고, 2015년 6월 광주고등법원에서도 원고가 일부 승소하고, 미쓰비시가 대법원에 재상고하였다.

---

42 ①~⑮는 한국의 '민주 사회를 위한 변호사 모임(민변)'이 2018년 8월 2일에 공표한 보고서 등을 기초로 저자가 정리했다. ⑬과 ⑭는 민변 보고서에 더해 『니혼게이자이신문』 2018년 10월 30일자를 참고했다.

③ 원고 60명이 9억 9500만 원을 요구하며 제소. 2016년 8월, 서울지방법원 원고 일부 승소, 서울고등법원 항소.

다른 원고 5명이 2600만 원을 요구하며 서울지방법원에 제소. 2016년 8월, 원고 일부 승소, 서울고등법원에서 위의 소송과 통합되었다.

④ 2007년, 원고 2명이 1억 2300만 원을 요구하며 광주지방법원에 제소.

⑤ 원고 4명이 4억 7000만 원을 요구하며 제소. 2017년 8월, 광주지방법원이 4억 7000만 원의 배상 지불을 명하여 원고 승소, 광주고등법원에 항소.

II. 신일철주금을 상대로 하는 3건, 원고 14명

⑥ ①과 마찬가지로 1990년대, 일본의 활동가와 변호사들이 지원하여 일본에서 소송을 제기했는데 모두 패소했다.

그 후 2005년 2월에 원고 4명이 서울지방법원에 신일철주금을 제소했는데 지방법원, 고등법원에서 모두 패소했다. 그런데 2012년 5월에 대법원 소법정이 "일본의 조선 침략은 위법한 점령" 등의 이유로 1심, 2심의 원고 패소 판결을 파기하는 환송판결을 내렸다. 2013년 7월, 서울고등법원이 대법원 판결을 이어받아 원고들에게 1인당 1억 원의 지불을 명하는 판결을 내렸고, 신일철주금이 재상고했다.

2018년 10월 30일, 대법원 대법정이 상고를 기각하여 1인당 1억 원의 지불을 명하는 확정판결을 내렸다.

⑦ 원고 8명이 1인당 1억 원을 요구하며 제소하였다. 2015년 11월에 서울지방법원에서 원고 승소하였다. 서울고등법원에 항소.

⑧ 원고 3명이 1억 원을 요구하며 2015년 5월에 서울지방법원에 제소.

III. 후지코시를 상대로 하는 3건(모두 근로정신대로 동원된 여성들이 제소), 원고 33명

⑨ 원고 27명(전 정신대원 13명, 전 정신대원 4명의 유족)이 14억 3000만 원을 요구하며 제소. 2014년 10월 서울지방법원이 합계 15억 원의 지불을 명령하며 원고가 승소하였다. 서울고등법원에 항소.

⑩ 원고 5명이 5억 원을 요구하며 제소하였고, 2016년 11월에 서울지방법원에서 승소하였다.

⑪ 원고 1명이 1억 원을 요구하며 제소하였고, 2017년 4월에 서울지방법원이 1억 원의 지불을 명령하며 원고가 승소하였다. 서울고등법원에 항소.

IV. 다수의 원고가 다수의 기업을 제소한 케이스 3건, 원고 816명

미쓰비시중공업 외 2개사를 제소한 원고 63명, 요코하마고무橫浜ゴム 외 68개사를 제소한 원고 667명, 스미이시홀딩스住石ホールヂィンス 외 17개사를 제소한 원고 87명.

⑫ 미쓰비시중공업 외 2개사에 대해 원고 252명이 25억 2000만 원을 요구하며 2013년 12월에 서울지방법원에 제소. 그 후 63명 이외는 취하한 것으로 간주되었다. 그 외 2개의 회사명은 조사할 수 없었다.

⑬ 요코하마고무 외 68개사에 대해 원고 667명이 66억 8000만 원을 요구하며 2015년 4월에 서울지방법원에 제소.

요코하마고무橫浜ゴム, 아소 시멘트麻生セメント, 안도·하자마安藤·間, 이시하라산업石原産業, 이와타치자키건설岩田地崎建設, 우베흥산宇部興産, 오지제지王子製紙, 오바야시구미大林組, 가구이치화성角一化成, 가시마鹿島, 구보타쿠보, 구마가야구미熊谷組, 고바야시공업小林工業, 사토공업佐藤工業, 산코기선三光汽船, 산요특수제강山陽特殊製鋼, 쇼와전기주강昭和電機鑄鋼, 시미즈건설清水建設, 시나가와 리플렉토리즈品川リフラクトリーズ, 재팬에너지ジャパンエナジー, 신일철주금新日鐵住金, 가하라건설菅原建設, 스미토모화학住友化学, 스미토모금속광산住友金属鉱山, 스미세키홀딩스住石ホールディングス, 다이세이건설大成建設, 다이셀ダイセル, 다이조ダイゾー, 다이헤이요흥발太平洋興発, 덴카デンカ, 도호아연東邦亜鉛, 도시바東芝, 도키와흥산常盤興産, 도비시마건설飛島建設, 니가타조선新潟造船, 니시마쓰건설西松建設, 니치유日油, 닛산화학日産化学, 닛산자동차日産自動車, 닛키쓰ニッキツ, 닛테쓰광업日鉄鉱業, 닛폰소다日本曹達, 일본통운日本通運, 일본야금공업日本冶金工業, 일본우선日本郵船, 노가미野上, 하코다테독函館どつく, 파나소닉パナソニック, 히타치조선日立造船, 히로노구미広野組, 후지타フジタ, 후루카와기계금속古河機械金属, 홋카이도탄광기선北海道炭鉱汽船, 마쓰무라구미松村組, 미쓰이금속三井金属, 미쓰이마쓰시마홀딩스三井松島ホールディングス, 미쓰이E&S홀딩스三井E&Sホールディングス, 미쓰비시케미컬三菱ケミカル, 미쓰비시중공업三菱重工業, 미쓰비시창고三菱倉庫, 미쓰비시전기三菱電機, 미쓰비시머트리얼三菱マテリアル, 야케구미三宅組, 모기나가제약森永製薬, 야마구치합동가스山口合同ガス, 라사공업ラサ工業, 린카이닛산건설りんかい日

産建設, DOWA홀딩스ホールディングス, IHI. [43]

⑭ 스미이시홀딩스 외 16개사에 원고 87명이 1인당 1000만 원을 요구하며 2015년 5월에 서울지방법원에 제소.

그 외 16개사는 이와타치자키건설岩田地崎建設, 우베흥산宇部興産, 재팬에너지ジャパンエナジー, 신일철주금新日鉄住金, 스가와라건설菅原建設, 스미토모금속광산住友金属鉱山, 도비시마건설飛島建設, 니시마츠건설西松建設, 닛산화학日産化学, 홋카이도탄광기선北海道炭砿汽船, 미쓰이금속광업三井金属鑛業, 미쓰이이앤에스조선三井E&S造船, 미쓰이중공업三井重工業, 미쓰이머트리얼三菱マテリアル, 야마구치합동가스山口合同ガス, 츠치야TSUCHIYA

V. 기타 1건, 원고 1명

⑮ 히타치조선에 원고 1명이 1억 2000만 원을 요구하며 제소. 2016년 9월에 서울지방법원이 5000만 원의 지불을 명하여 원고가 승소하였다. 서울고등법원에 항소.

2018년 10월 11일에 대법원은 ⑥의 재판에서 1인당 1억 원, ①에서 1인당 8000만 원, ②에서 1인당 1억 원부터 1억 5000만 원 지불을 명하였다. 원고는 모두 945명으로 1인당 1억 원으로 판결한다고 하면 총 945억 원, 즉 100억 엔 가까운 금액이 된다.

---

43 『니혼게이자이신문』에는 마쓰모토쿠미松本組로 되어 있지만, 이 회사는 가업으로 집짓기와 목수 일을 하고 있고 주식회사가 된 것은 1970년으로 한국 정부 리스트에 있었던 마쓰무라쿠미松村組의 오기로 판단되어 마쓰무라쿠미로 했다.

이것이 와다 하루키 씨 등과 원고들을 지원하여 온 반일 활동가들이 오랜 세월 동안 활동해 온 성과이다.

5
장

일본 기업을
지켜라

한일회담의 주요 의제의 하나는 '피징용자 미수금', '전쟁에 의한 피징용자의 피해에 대한 보상', '한국인의 일본인 또는 법인에 대한 청구'였다. 즉, 노동동원자에 대한 보상은 주요 의제로 되어 있었다.

일본 측은 이들에 대해 근거가 있는 것은 지불할 준비가 되어 있었지만, 청구권을 가진 개인에게 일본이 직접 지불하고 싶다고 제안했다. 그런데 한국 측이 이들을 포함한 전체의 청구권에 관한 자금은 한국 정부에 일괄하여 지불해 주기 바란다고 요구했으므로 최종적으로 무상 3억 달러가 한국 정부에 지불되었던 것이다.

압류 집행 절차로

마침내 한국에 있는 일본 기업의 재산이 침해되는 중대 사태가 벌어졌다.

2018년 12월 24일, 한국 대법원의 부당판결이 내려지고 난 후 신일철주금 소송 원고의 대리인은 "한국 내의 재산에 대한 압류 집행 절차에 들어간다"고 밝혔다. 한편 대리인은 압류한 후에도 자산을 현금화하여 원고에게 당장 지급하는 것은 하지 않았고, 어디까지나 협의에 따라 해결할 것을 원하고 있다고 했다. 대리인은 연말인 12월 31일부로 신일철주금의 한국내 재산을 압류하는 법적 절차를 개시했다. 대구지방법원 포항지원에 압류를 위한 신청서를 제출한 것이다. 압류의 대상은 신일철주금이 소유한 주식으로, 신일철주금이 한국 최대 철강사인 포스코와 함께 세운 합작회사 PNR의 것이다.

2019년 1월 9일, 압류가 집행되었다는 통지가 한국 법원으로부터 신일철주금에 도착했다. 마침내 실제로 일본 민간 기업의 재산이 침해되는, 일본의 법체계로 보면 도적질에 해당되는 중대사가 벌어진 것이다.

한국 정부는 지금까지 전시노동자의 개인 청구권은 이미 해결되었다는 입장에 서 있었다. 판결 후에도 그 입장을 바꾼다는 의사 표명은 없었다. 또 국제법상, 체결된 조약이나 협정은 행정, 입법, 사법 전체를 구속한다. 그러므로 일본 정부는 한국 대법원의 판결로 인해 국제법 위반 사태가 발생했다며 그 시정을 촉구하고 있는 것이다.

한국 정부는 부당판결이 나오고 2개월 이상이 경과한 2019년 1월 상순까지도, 아직 판결에 대한 정부의 입장을 표명하지 않고, 총리 아래 만들어진 위원회에서 검토 작업을 하고 있다는 변명만을 반복해 왔다. 거기에 그치지 않고 부당판결을 비판하는 일본 정부나 여당 국회의원을 비난하기조차 한다.

일본 정부는 지금 대항 조치를 검토하고 있다고 한다. 2019년 1월 9일, 우선 청구권 협정에 기초하여 외교적 교섭을 요구했다. 그것으로 해결할 수 없는 경우에는 국제사법재판소로 갈 수도 있다고 보도되었다.[44]

이 상황에 맞춰 일본이 해야 할 일을 논하고 싶다. 우선은 소송이 제기된 민간 기업을 철저하게 지키는 것이다. 신일철주금은 다행히도 의연한 자세를 유지하고 있다. 현재 70개사 이상이 제소되었다. 전체 기업이 신일철주금과 같은 자세를 유지하도록 정부와 민간에서 기업을 지키는 체제를 신속히 만들어야 한다.

---

44 2019년 1월 9일 외무성 보고 발표 '구 조선반도 출신 노동자 문제에 관계되는 일한청구권 협정에 기초한 협의의 요청旧朝鮮半島出身労働者問題に係る日韓請求権協定に基づく協議の要請', https://www.mofa.go.jp/mofaj/press/release/press4_006961.html 2020년 10월 29일 열람.

진실로 노리는 것은
재단 설립?

　　　　　　　　　원고와 지원자들에게도 실은 약점이 있다. 그들은 판결의 실행을 요구하지 않고 있다. 일본 기업에서 더 방대한 자금을 받아 거액의 기금을 가진 재단을 만들려는 것이다. 통상적으로는 주식을 차압한 경우, 매각 명령도 동시에 신청하여 현금을 받는데, 신일철주금 재판의 원고 대리인들은 그렇게 하지 않았다. 그들이 2019년 1월 2일에 낸 성명에는 "(매각 명령을 신청하지 않은 것은) 신일철주금과의 협의를 통해 판결 이행을 포함하여 강제동원 문제의 원만한 해결을 바라기 때문이다"[45]고 말한다. 요구하고 있는 것은 판결의 이행이 아니라 "강제동원 문제의 원만한 해결", 즉 원고 이외의 수많은 전시노동자들에게도 돈을 지불하는 것임을 시사했다.

　2018년 11월 30일, 중의원 제1의원회관에서 개최된 집회에서 미쓰비시중공업에서 일했던 전 여자정신대 대원을 지원해 온 한국인 이국언이 비디오 메시지를 통해 "일본 기업은 빠른 시일 내에 화해의 길을 모색하기 바란다", "개별 소송을 통해 구제를 받게 하는 것은 도리가 아니다"라며 역시 화해에 의해 전원에게 보상할 것을 요구했다.[46]

　한편 2018년 12월 20일, '아시아태평양전쟁 희생자 유족회'의 부름에 응한 1,103명의 전 전시노동자들이 한국 정부에 대해 보상을 요구하며

45　『지지時事통신』 2019년 1월 2일, 「徴用工訴訟の原告側発表要旨」.
46　『도쿄신문』 2018년 12월 1일, 「日本企業は和解の道模索を」.

제소했다.[47] 보상은 한국 정부의 책임이라는 정론에 선 움직임으로 환영할 수 있다. 이 움직임과 원고 대리인들의 약점은 실은 연동하고 있다.

동 유족회는 2015년에 일본 기업 69개사를 상대로 667명의 원고를 모아 제소했고, 2020년에는 1,000명의 원고를 모아 역시 일본 기업을 제소한다고 했기 때문에 논리를 의심하지 않을 수 없지만 이러한 움직임은 예상할 수 있었다.

일본 기업을 상대로 한 재판에서 승소를 해도 그들이 바라는 보상은 실현 불가능하다. 그 이유를 설명하겠다. 여기에 분명히 그들의 약점이 있다.

노무현 정권 시대에 만들어진 정부위원회(대일 항쟁기 강제동원 피해자 조사 및 국외 강제동원 희생자 등 지원위원회)는 전시동원된 자를 선별하는 작업을 하고, 22만 명을 피해자로 인정했다. 군인·군속이 7만 명, 노동자가 15만 명이었다.

전자의 군인·군속은 임금도 싸고 위험한 임무를 맡아 희생도 많았지만 국제법상 주권면제권을 가진 일본 정부를 상대로 한국에서 제소하는 것 자체가 곤란했고, 만일 한국의 사법부가 '일본 통치불법론'에 서서 일본 정부에 위자료 지불을 명해도 외교적 보호권 하에 있는 일본 정부의 재산을 압류하는 것은 거의 불가능하다. 그러므로 지금까지 누구도 한국 법원에서 일본 정부를 제소하지 않았던 것이다.

또 후자의 노동자 중 현재는 사라진 민간 기업에서 일한 사람은 피고

---

47 『마이니치신문』 전자판 2018년 12월 20일, 「元徴用工の遺族ら1103人が韓国政府に賠償提訴」.

가 없기 때문에 제소 자체가 불가능하다. 동 위원회는 "강제동원이 확인된 일본 기업"으로서 내지에서 전시노동자를 사용한 1,257개 회사의 리스트를 공표했는데, 그 속에 현존 기업은 약 300개다.

한국 정부를 상대로 보상을 요구하며 제소한 원고들은 소멸한 약 950개 회사에서 일한 전시노동자가 아닐까? 유족회는 현존 기업에서 일했던 회원에게는 기업을 제소하게 하고, 이미 소멸된 기업에서 일했던 회원에게는 한국 정부를 상대로 제소를 하고 있다고 보면, 일견 모순된 그 활동을 이해할 수 있다.

현존 기업에서 일한 전시노동자라고 할지라도 당연한 일이지만, 제소한 사람 외에는 판결에 기초하여 보상을 받을 수는 없다. 그런데 지원 조직 측은 원고가 대표라고 하면서 전체 피해자들에게 보상할 것을 요구하고 있다. 바꿔 말하면, 몇몇 사람의 원고들로 하여금 수천만 엔을 받고 끝낼 요량이 아니라 협의에 의해 기업으로부터 막대한 돈을 내게 하여 기금을 만들고 소송의 원고가 되지 않았던 사람들에게도 보상하게 하려는 것이다. 그것이 실현되면 변호사들이 받는 보수도 막대하게 될 것이다.

일본 기업을 상대로 하는 재판만으로는 그들이 바라는 보상을 받을 수 없다. 신일철주금 재판의 확정판결에 반대한 2명의 대법원 판사는 그것을 정확히 이해하고 소수 의견을 다음과 같이 썼다.

청구권 협정으로 개인 청구권을 더 이상 행사할 수 없게 됨으로써 피해를 입은 국민에게 지금이라도 국가는 정당한 보상을 하여야 한다. 대한민국이 이러한 피해 국민에 대하여 지는 책임은 법적 책임이지 이를 단순히 인도적·시혜적 조치로 볼 수 없다. 대한민국은 피해 국민의 소송 제기 여부와 관계없이 정당한 보상이 이루어지도록 할 책무가 있(다).

소송을 제기하지 않았던 사람들도 포함하여 그들에게 한국 정부가 보상해야 한다고 말하고 있는 것이다. 정론으로 이야기해야 한다. 말하자면 일본 기업이 부당판결을 인정하지 않고 또 원고들과의 협의에 응하지 않는 의연한 자세를 유지하면 곤란해지는 것은 오히려 한국의 원고와 지원자들이 된다는 것을 알 수 있다. 보상이 부족하다면 한국 정부가 해야 한다. 그 이외에 방법은 없다.

그러므로 관민 모두 관련 일본 기업을 지키는 체제를 만들고 보상은 모두 끝났다는 원칙적 입장을 유지해야 한다. 그러하면 승소한 원고들은 압류한 주식 등을 현금으로 바꿔 자신들에게 넘기라는 요구를 하게 될 것이다. 당연히 기금은 만들어질 수가 없다. 여기에 그들의 약점이 있다.

병행하여 전시노동은 물론 한국과 일본이 한 전후 보상의 진실을 국제사회에 널리 알리는 홍보에 전력을 다해야 한다. 본래 조선인 전시동원은 당시에는 일본 국민이었던 사람들에게 합법적으로 행해진 것으로 조선인은 계약에 기초하여 일본인과 같은 임금을 지불받았다. 결코 강제연행이나 노예노동이 아니었다.

한국 정부도 1965년 한일 국교 정상화 때와 2005년의 협정 재검증 때 보상은 끝났다고 인정하고, 이미 두 번에 걸쳐 보상을 실시했다. 따라서 일본 민간 기업에 보상을 요구하는 대법원 확정판결은 1965년 이래 한일 외교의 기초를 흔드는 것이며, 일본으로서는 절대 용인할 수 없다.

한국의 학자나 전 외교관들 사이에서, 그리고 일본 내의 일부에서는 우선 일본이 사죄하고 인도人道라는 명목으로 돈을 낸다는 식으로 지금까지 해 왔던 대로 이번 문제도 처리해야 한다는 의견이 있다.

일본 외무성 주변에서는 인도적 입장으로 모든 징용노동자를 지원하는 재단이나 기금을 만들고 한걸음 더 나아가 일본으로부터 청구권자금의 혜택을 받은 한국 기업과 조선인 전시노동자를 사용한 일본 기업이 기부를 하게 한다는 의견이 수년 전부터 나왔다.

2018년 11월 14일자 『아사히신문』에 게재된 사사에 겐이치로佐佐江賢一郎 전 외무차관과 박준우 전 대통령 수석비서관의 대담에서 박 비서관은 박근혜 정권 초기인 2013년에 한국과 일본에서 재단 설립을 검토하였다며 다음과 같이 말했다.

박근혜 정권에서 내가 대통령 비서실에 있을 때 이 문제는 대법원 판결 전에 무언가 하지 않으면 안 된다 생각하고 있었습니다. 그 해결안의 하나가 정부와 기업이 재단을 만들어 강제노동피해자의 보상에 대응하는 독일 방식입니다. 실은 한국과 일본에서도 징용노동자에게 일을 시킨 일본 기업, 국교 정상화 때 일본으로부터 경제협력자금 혜택을 받은 한국 기업, 그리고 한국 정부에서 재단을 만들어 피해자를 지원한다는 안을 검토했었습니다. 하지만 2013년 12월에 아베 신조 총리가 야스쿠니신사를 참배하는 바람에 움직일 수 없게 되었습니다. 그러한 불행한 사실이 있었습니다.

일본 내의 어떤 세력은 기금을 만들어 자신들의 대표를 간부로 보내고, 자신들의 편향된 조사 연구에 그 기금을 사용하려 한다는 정보도 있다. 터무니없는 일이다. 절대 그러한 어리석은 일을 해서는 안 된다.

덧붙여 말하면 중국인 노동자에 대해서는 기금 방식으로 경제 지원이 이루어졌다. 그러나 1장에서도 말했지만, 조선인과 중국인의 전시 동원은 법적 지위와 그에 수반하는 전후 처리가 근본적으로 다르다. 일본에 있어서 당시 조선인은 자국민이었지만, 중국인은 적국의 포로였다. 전후 중화민국도 공산중국도 배상을 포기했는데, 한국은 동원된 노동자에 대한 보상을 정부가 통합하여 수취하였다. 그러므로 중국인 동원의 사례는 한국에 합당한 전례가 되지 않음을 강조해 둔다.

청구권 협정에 기초한
중재위원회의 설치를

그러면 우리들은 구체적으로 무엇을 할 수 있는가? 나는 우선 1965년에 체결된 청구권 협정에 기초하여 민간 기업을 지키는 외교 활동을 전개할 것을 일찍부터 제언해 왔다. 동 협정 제3조를 인용한다.

제3조

1. 본 협정의 해석 및 실시에 관한 양 체약국 간의 분쟁은 우선 외교상의 경로를 통하여 해결한다.

2. 1의 규정에 의하여 해결할 수 없는 분쟁은 어느 일방 체약국의 정부가 타방 체약국의 정부로부터 분쟁의 중재를 요청하는 공한을 접수한 날로부터 30일의 기간 내에 각 체약국 정부가 임명하는 1인의 중재위원과 이와 같이 선정된 2인의 중재위원이 당해 기간 후의 30일의 기간 내에 합의하는 제3의 중재위원, 또는 당해 기간 내에 이들 2인의 중재위원이 합의하는 제3국의 정부가 지명하는 제3의 중재위원과 3인의 중재위원으로 구성되는 중재위원회의 결정을 위하여 그에 회부한다. 단, 제3의 중재위원은 양 체약국 중의 어느 편의 국민이어서는 아니 된다.

3. 어느 일방 체약국의 정부가 당해 기간 내에 중재위원을 임명하지 아니하였을 때, 또는 제3의 중재위원 또는 제3국에 대하여 당해 기간 내에 합의하지 못하였을 때에는, 중재위원회는 양 체약국 정부가 각각 30일의 기간 내에 선정하는 국가의 정부가 지명하는 각 1인의 중재위원과 이들 정부가 협의에 의하여 결정하는 제3국의 정부가 지명하는 제3의 중재위원으로 구성한다.

4. 양 체약국 정부는 본조의 규정에 의거한 중재위원회의 결정에 승복한다.

이 조항은 제1항에 있는 것처럼 "본 협정의 해석 및 실시에 관한 양 체약국 간의 분쟁"이 일어날 때의 해결 방법을 정한 것이다. 설마 53년이 지나 이 조항이 이용된다고는 당시에는 생각하지 않았을 것이다. 한국이 통상의 국제법과 법치가 통하는 나라라면, 지금 일어나고 있는 일은 일어날 수 없다고 나는 생각한다. 그러나 현실에서는 "협정의 해석 및 실시에 관한 양 체약국 간의 분쟁"이 일어나고 있다.

그 경우 제1항에서 정해진 대로 우선 양국은 "외교상의 경로를 통하여 해결"하는 것을 추구해야 한다. 따라서 대법원 확정판결이 나오고, 당해 기업의 재한국 재산의 압류가 시작되기 전에, 정부는 외교교섭을 요구해야 했다. 그리고 그것이 끝나기까지는 압류를 집행하지 말라는 소송을 기업이 제기할 수 있도록 지원했어야 했다. 일본 정부는 2019년 1월 9일, 협정에 기초한 협의를 제의했다.

하지만 한국 정부는 3월 1일 현재까지도 그 제의에 회답하지 않았다.[48] 그러므로 일본 정부는 제2항에 기초하여 외교 경로로 중재위원회의 설치를 요구해야 한다. 또 전술한 대로 압류된 주식이 현금화된다면, 관세 인상 등의 대항 조치를 취해야 한다.

제3의 중재위원도 일본으로서는 당연히 한국 판결의 부당성을 주장하는 인물 이외에는 결코 승인해서는 안 된다. 인선에서 양국의 의견이 일치하는 일은 없을 것이다. 그 경우는 국제사법재판소에 제소할 수밖에 없다.

---

48 2020년 10월 현재까지 한국은 사법적 판단에 개입할 수 없다고 하여 일본이 요구하는 청구권 협정에 근거한 협의에 응하지 않고 있다. 문재인 대통령은 2020년 8월 15일 연설에서 다음과 같이 말하며 그 입장을 재확인했다. "대법원은 1965년 한일 청구권 협정의 유효성을 인정하지만 개인의 '불법행위 배상청구권'은 소멸되지 않았다고 판단했다. 대법원 판결은 대한민국 영토 내에서 최고의 법적 권위와 집행력을 갖는다. 정부는 사법부의 판결을 존중하고 피해자들이 동의할 수 있는 원만한 해결 방안을 일본 정부와 협의해 왔고 지금도 협의의 문은 크게 열려 있다."
한편 2020년 9월 출범한 일본 스가 요시히데菅義偉 정권은 국제조약은 사법을 포함한 국내법을 구속한다는 국제법 원칙을 고수하고 한국 정부에 국제법 위반 상태 해소를 요구하고 있다. 스가 총리대신은 취임 후 첫 소신 표명 연설에서 "한국은 매우 중요한 이웃 나라입니다. 건전한 일한 관계로 되돌릴 수 있도록 우리나라의 일관된 입장에 기초하여 적절한 대응을 강력히 요구하겠습니다"라고 말해 한국이 국제법에 근거한 대응을 할 것을 재차 명확히 요구했다.

원고들은 조속히 현금을 손에 넣으려고 대리인을 재촉하겠지만, 대리인과 지원자들은 그랬다가는 겨우 수천만 엔밖에 받지 못할 것을 알기 때문에 화해의 방법으로 더 많은 돈을 취하려고 버틸 것이다. 어느 순간 그들 내부의 모순은 커질 것이다. 그러한 일이 일어나도록 치밀하게 준비해 둘 필요가 있다.

그리고 관민 모두 국제사회에 전시동원 실태와 국제법에 반하는 한국의 행태를 홍보하는 것이다.

한국 정부가 인정한
'일본 전범 기업 리스트'

이후 약 300개의 일본 기업을 상대로 새로운 소송이 난발될 가능성이 크다. 이미 한국의 좌파 매스컴과 인터넷 상에는 '일본 전범 기업 299개사 리스트'라는 것이 널리 나돌고 있기 때문이다. 미쓰비시, 스미토모, 미쓰이를 비롯하여 히타치, 닛산, 마츠다, 파나소닉, 모리나가제과 등이 대표로 올라오고 있다.

조사해 보면 리스트에는 두 종류가 있다.

첫 번째로 이명수 국회의원이 공개한 리스트다. 이 의원은 현재 보수 야당인 국민의힘 소속이지만 충청도를 기반으로 하는 지방정당인 선진통일당에 소속되었던 시점에 '일본 전범 기업 299개사 리스트'를 최초로 공표했다. 문제의 대법원 압류 판결이 나오기 1년 전인 2011년 9월에 '일본 전범 기업 1차 리스트 136개사'를 공표하고, 이어서 2012년 2

월에 '2차 리스트 58개사'를, 같은 해 5월 대법원 판결을 끼고 8월 29일
에는 '3차 리스트 105개사'를 공표하여 합계 299개사를 공개했다고 주
장하고 있다. 동 의원은 2009년, 한국의 국산 위성 아리랑3호의 발사
사업자로서 미쓰비시중공업이 선정된 것을 문제시하는 등 "전범 기업
이 한국의 공공사업에 입찰하는 것을 제한해야 한다"고 말하고 의원입
법을 준비하고 있다.[49]

동 의원의 리스트는 중복이 있고 합병을 반영하지 않는 등 정리 부족
이 두드러지고, 실제는 270개사 남짓밖에 되지 않는다. 비고에 붙어 있
는 근거 자료는 대부분 일본 자료이다. 일본인 학자나 활동가들이 그
범위를 넓혀 왔다. 이른바 '강제연행' 조사 운동에 크게 의존한 리스트
라는 것을 알 수 있다.

두 번째 리스트는 이 의원이 3차 리스트를 공개한 것과 동일한 2012
년 8월 29일에 정부기관이 공표한 '일제 강제동원 현존 기업 299개사
리스트'다. 국무총리실 산하 '대일 항쟁기 강제동원 피해 조사 및 국외
강제노동 동원 희생자 등 지원위원회'가 "강제연행의 사실이 있는 일본
기업 1,493개사를 조사한 결과, 299개사가 현존하고 있다고 파악되었
다. 노동자의 공탁금 관련 문서나 후생연금대장 등 일본 정부와 기업이
작성한 강제동원에 관한 기록, 신문, 연구 자료, 해당 기업 홈페이지 등
으로부터 이를 확인했다"[50]고 한다.

---

49 이명수 국회의원실 발표 자료.
50 『조선일보』 2012년 8월 30일.

리스트 공개에 당면하여 동 위원회 관계자는 매스컴에서 다음과 같이 말했다.

> 일본 전범 기업은 조선인 강제연행을 성장의 발판으로 했음에도 불구하고, 동원 사실조차 인정하지 않고 있다(『연합통신』 2012년 8월 29일).

> 지멘스 등 독일의 전범 기업은 강제연행을 한 타국의 피해자에게 사죄와 배상을 했는데, 일본의 전범 기업은 강제연행의 사실조차 인정하지 않는다 (『조선일보』 2012년 8월 30일).

이것은 한국 국가공무원의 발언으로 더더욱 놀라움을 금할 수 없다.

이쪽의 리스트는 동 위원회가 2016년 6월에 해산한 까닭인지 발견할 수 없었다. 그러나 한국 정부는 동 위원회의 조사를 기초로 2015년에 전시동원을 테마로 한 국립박물관 '국립 일제강제동원 역사관'을 만들었고, 그 전시물 속에는 동 위원회가 작성한 '일제 강제동원 현존 기업' 리스트의 기업 실명을 약 4분 동안 비디오에서 상영하는 코너가 있다.

내가 회장으로 있는 민간연구단체인 '역사인식문제연구회'는 2018년 7월, 동 역사관을 방문하여 전시내용을 조사했다. 그 결과의 일부로서 4분 영상에 담긴 리스트를 복원한 것이 다음의 표이다.

표1 일제 강제동원 현존 기업 전체 275개사

가시마건설鹿島建設

가스가광산春日鉱山

가타쿠라공업片倉工業

가타야마나사공업片山鋲螺工業

가네코구미미래도건설金子組未来図建設

가네마츠닛산농림兼松日産農林

가미오카광업神岡鉱業

가와사키운송川崎運送

가와사키기선川崎汽船

가와사키중공업川崎重工業

간사이기선関西汽船

간자키구미神崎組

간토전화공업関東電化工業

고기虹技

고자크교통江若交通

고이케구미小池組

고노이케구미鴻池組

고베제강소神戸製鋼所

고도제철合同製鐵

고쿠산전기国産電機

고마츠コマツ

고마츠NTCコマツNTC

교산제작소京三製作所

교화발효기린協和発酵キリン

구라셰홀딩스クラシエホールディングス

구라레クラレ

군제グンゼ

구사카베건설日下部建設

구마가이구미熊谷組

구리바야시상선栗林商船

구리모토철공소栗本鐵工所

구로자키하리마黒崎播磨

나이가이ナイガイ

나오에츠해륙운송直江津海陸運送

나카야마제강소中山製鋼所

나나오해륙운송七尾海陸運送

나부테스코ナブテスコ

나무라조선소名村造船所

NS유나이티드해운NSユナイテッド海運

노가미野上

노무라흥산野村興産

니가타조선新潟造船

니시마츠건설西松建設

니치린ニチリン

니치로ニチロ

닛치츠ニッチツ

닛산화학공업日産化学工業

닛산자동차日産自動車

닛신제강日新製鋼

닛테츠광업日鐵鉱業

닛폰건류공업日本乾溜工業

닛폰화학日本化学

닛폰카탄日本カタン

닛폰카바이트공업日本カーバイド工業

닛폰카본日本カーボン

닛폰애자日本碍子

닛폰고주파강업日本高周波鋼業

닛폰경금속日本軽金属

닛폰건철日本建鐵

닛폰차량제조日本車輌製造

닛폰중화학공업日本重化学工業

닛폰수산日本水産

닛폰제강소日本製鋼所

닛폰제지日本製紙

닛폰조달日本曹達

닛폰주日本鋳造

닛폰통운日本通運

닛폰철판日本鐵板

닛폰흄日本ヒューム

닛폰무선日本無線

닛폰야마무라유리日本山村硝子

닛폰우선日本郵船

다이세이건설大成建設

다이헤이제작소太平製作所

다이헤이요코하츠太洋興発

다이헤이요시멘트太平洋セメント

다이헤이닛폰기선太洋日本汽船

다오카화학공업田岡化学工業

다케나카공무점竹中工務店

다부치전기田淵電機

다마노이상선玉井商船

다이이치쥬오기선第一中央汽船

다이킨공업ダイキン工業

다이셀ダイセル

다이죠ダイゾー

다이도화학공업大同化学工業

다이도특수강大同特殊鋼

다이와보우홀딩스ダイワボウホールディングス

다치히기업立飛企業

다츠다방적龍田紡績

단노구미丹野組

데이카テイカ

데이쿠크섬유帝国繊維

데이쿠크요업帝国窯業

데켄건설鉄建建設

도아건설공업東亜建設工業

도카이카본東海カーボン

도카이기선東海汽船

도카이고무공업東海ゴム工業

도쿄가스東京ガス

도쿄제철東京製鐵

도쿄제망東京製網

도쿄마사방적東京麻糸紡績※

도큐차량제조東急車輛製造

도시바東芝

도시바기계東芝機械

도호아연東邦亜鉛

도호가스東邦ガス

도요동판東洋鋼板

도요방東洋紡

도쿠야トクヤマ

도다건설戸田建設

도치기기선栃木汽船

도나미홀딩스トナミホールディングス

도이시마건설飛島建設※

도비공업トビー工業

도비마린관광土肥マリン観光

DOWA홀딩스DOWAホールディングス

라사공업ラサ工業

리갈코퍼페이션リーガルコーポレーション

리코에레엣쿠스リコーエレメックス

린카이닛산건설りんかい日産建設

린화학공업燐化学工業

린코코퍼레이션リンコーコーポレーション

마츠다マツダ

마츠무라구미松村組

마베치건설馬淵建設

마루하니치로수산マルハニチロ水産

메이지해운明治海運

모지항운門司港運

모리나가제과森永製菓

묘죠시멘트明星セメント

무코지마도크向島ドック

미쿠니ミクニ

미쓰이화학三井化学

미쓰이금속광업三井金属鉱業

미쓰이스미토모건설三井住友建設

미쓰이조선三井造船

미쓰이농림三井農林

미쓰이마츠시마산업三井松島産業

미쓰비시화학三菱化学

미쓰비시상사三菱商事

미쓰비시중공업三菱重工業

미쓰비시신동三菱伸銅

미쓰비시제강三菱製鋼

미쓰비시창고三菱倉庫

미쓰비시전기三菱電機

미쓰비시머터리얼三菱マテリアル

미네베아ミネベア

미야치셀비지宮地サルベージ

빈고통운備後通運

사가미구미相模組

삭션가스サクションガス

사토공업佐藤工業

사노야건설佐野屋建設

사와라이즈サワライズ

산키공업三機工業

산코기선三光汽船

산큐山九

산덴교통サンデン交通

산요특수제강山陽特殊製鋼

상선미쓰이商船三井

상선미쓰이오션엑스퍼트商船三井オーシャンエキ スパート

상선미쓰이탱커관리商船三井タンカー管理

쇼와KDE昭和KDE

쇼와산업昭和産業

쇼와철공昭和鉄工

쇼와전공昭和電工

쇼와비행기공업昭和飛行機工業

시나가와리프렉토리즈品川リフラクトリーズ

시미즈운송清水運送

시미즈건설清水建設

신에츠화학공업信越化学工業

신카사도도크新笠戸ドック

신니혼카이중공업新日本海重工業

신일본제철新日本製鐵

신메이와공업新明和工業

스가와라건설菅原建設

스르미조달鶴見曹達

스즈요鈴与

스미이시홀딩스住石ホールディングス

스미토모오사카시멘트住友大阪セメント

스미토모화학住友化学

스미토모금속고쿠라住友金属小倉

스미토모금속공업住友金属工業

스미토모금속광산住友金属鉱山

스미토모강관住友鋼管 ※

스미토모고무공업住友ゴム工業   요도가와제강소淀川製鋼所

스미토모전기공업住友電気工業   요도시吉年

세이사セイサ   요다이ヨータイ

세이단セイタン   이이노해운飯野海運

SEC카본SECカーボン   이이노항운飯野港運

스르가해륙운수敦賀海陸運輸   이케가이池貝

아라이건설荒井建設   이시다石田

아사히화旭化成   이시하라산업石原産業

아사히유리旭硝子   이쓰즈자동차いすず自動車

아소시멘트麻生セメント   이비덴イビデン

아스텍이리에アステック入江   이와타지자키건설岩田地崎建設

아이사와공업アイサワ工業   우베흥산宇部興産

아이치기계공업愛知機械工業   우베미쓰비시시멘트宇部三菱セメント

아이치제강愛知製鋼   우베머터리얼宇部マテリアル

아이치시계전기愛知時計電機   오지제지王子製紙

아즈마해운東海運   오바야시구미大林組

아지노모토味の素   오카베철공소岡部鐵工所

아키타해륙운송秋田海陸運送   오사카가스大阪ガス

야노철공소矢野鉄工所   오사카기선大阪機船

야바세공업矢橋工業   오사카제철大阪製鐵

야마분미유화山文油化   오엠제작소オーエム製作所

얀ヤンマー   오엠방기제작소オーエム紡機製作所

와코도和光堂   제이·와이텍스ジェイ·ワイテックス

요코하마고무横浜ゴム   재팬에너지ジャパンエナジー

요시자와석회공업吉澤石灰工業   전기화학공업電気化学工業

제니다카구미錢高組

JFE엔지니어링JFEエンジニアリング

JFE스틸JFEスチール

JFE미네랄JFEミネラル

JR그룹JRグループ

츄에츠전기공업中越電気工業

츄오전기공업中央電気工業

츄가이광中外鉱業

츄고쿠전력中国電力

츄고쿠도료中国塗料

파나소닉パナソニック

코즈제작소神津製作所

하카타항운博多港運

하기모리흥산萩森興産

하코다테도크函館どっく

하자인구미間組

한신내연기공阪神内燃機工業

호쿠에츠메탈北越メタル

홋카이도탄광기선北海道炭鉱汽船

호도가야화학공업保土谷化学工業

후르카와기계금속古河機械金属

후르카와전기공업古河電気工業

후시키해륙운송伏木海陸運送

후지코시不二越

후지중공업富士重工業

후지타フジタ

후지전기富士電機

후지방홀딩스富士紡ホールディングス

후루츄フルチュウ

히노데우선日之出郵船

히라니시키平錦建設

히메지합동화물자동차姫路合同貨物自動車

히로시마가스廣島ガス

Hitz히타치조선Hitz日立造船

히타치항공기日立航空機

히타치제작소日立製作所

히타치조선日立造船

※ 히타치조선과 Hitz 히타치조선은 동일한 회사다.

※ 구로자키하리마黑崎播磨는 영상에서 두 번 등장한다.

※ 영상에서는 '片山浜螺工業', '飛鳥建'으로 표시되어 있지만, 오기로 판단하여 표에서는 올바른 회사
명으로 고쳤다.

※ 스미토모강관住友鋼管, 스루미조달鶴見曹達 등 합병이나 회사명 변경으로 현존하지 않는 구 회사명은
과거대로 게재했다.

비디오 화면에는 '일제 강제동원 현존 기업'이라는 제목이 붙어 있다. 화면 아래에는 다음과 같은 한국어 설명이 있다. 덧붙여 말하면 동 역사관의 전시는 한국어와 영어뿐이고 일본어는 없다. 졸역이지만 소개한다.

위원회는 일제강점기 강제동원에 관여한 일본 기업 중에서 현존하는 기업 299개사의 명부를 공개했다. 이 명부는 당시 조선인을 강제동원한 일본 기업 1,500여 개사를 대상으로 일본 정부와 해당 기업이 작성한 자료, 300개 남짓의 연구서 등을 분석한 결과다. 명부 확정 작업은 계속해서 진행 중이다.

설명에서는 299개사로 되어 있지만, 실제로는 275개사밖에 없다. 리스트의 바로 옆에는 다음과 같이 일본 기업을 규탄하는 전시물이 있었다. 거기에서는 이들 일본 기업이 대기업으로 성장할 수 있었던 것은 한국인 동원자들을 수탈했기 때문이라고 설명하고 있다.

숨은 가해자, 강제동원 현존 기업

강제동원 가해세력에는 일본 국가권력만이 아니라 일본 기업도 자리를 차지하고 있다. 그들은 기업의 이득을 위해 일본 국가권력 이상으로 인력 수탈에 적극적으로 나섰다. 중소기업 수준이었던 일본 기업은 인력과 원료 확보, 임금 통제, 안정적인 납품의 확보, 인프라 제공 등 당국이 제공해 준 조건을 활용하여 막대한 이득을 가로채 대기업으로 성장했다. 해당 기업의 성장과 발전의 초석은 정확히 강제동원된 조선인의 피와 땀이었다. 이들 기업은 일본 정부와 군부의 비호 하에서 강압적으로 노동력을 착취하고, 미성년자를 약취하는 등 불법행위를 제멋대로 하면서 노동재해에 대한 최소한의 의무조차 이행하지 않았다.

오해로 유도하는 역사관

　　　　　　　동 역사관의 전시동원에 관한 전시의 큰 문제 중 하나는 리스트 바로 앞의 전시물이다. 거기에는 "한일회담과 청구권 협정의 체결"과 "청구권 협정의 성격"이라는 제목을 가진 2개의 설명 전시물이 있다.

한일회담과 청구권 협정의 체결

해방 후 정부를 수립한 대한민국과 패전 후 미군정으로부터 벗어나기 시작한 일본은 1951년 말부터 국교 정상화 및 전후 보상 문제를 논의하기 위해 한일회담을 시작했다. 우여곡절 끝에 1965년, 국교 정상화를 위한 한일기본조약과 그 부속 협정의 하나로서 청구권 협정이 체결되고, 청구권 협정에 의해 일본은 대한민국에 10년간 3억 달러를 제공하고 차관 2억 달러를 제공하기로 했다. 일본으로부터 제공된 청구권자금은 제철소나 고속도로 건설 등 경제 발전 분야에 우선적으로 투자되고, 일부분은 1975년 이후 한시적으로 제정된 대일 민간 청구권 보상에 관한 법률에 의해 일제강점기 강제동원으로 사망한 피해자 유족에게 지급되었다. 그러나 A 한일회담 과정에서 일본군 '위안부' 문제 등 반인도적 강제동원 피해자 문제는 정면으로 취급되지 않았다는 것이 관련 문서로 분명해졌다.

청구권 협정의 성격

B. 2005년, 우리나라 정부가 개최한 한일회담 문서 공개 후속대책 관련 민관공동위원회는 일본 국가권력이 관여한 반인도적 불법행위는 청구권 협정에서 해결되었다고 볼 수 없고 일본 정부의 법적 책임은 남아 있다는 공식 의견을 표명했다.

C. 또 2012년 우리나라 대법원은 청구권 협정은 연합국 주도의 1951년 '샌프란시스코 강화조약'을 근거로 하여 한일 양국의 재정적·민사적 채권 관계를 정치적 합의에 의해 해결하기 위한 것으로 청구권 협정에 따라 일본 정부가 지불한 경제협력자금은 일제 강제동원에 의한 우리 국민의 권리문제 해결과는 법적 대가 관계가 없다는 판결을 선고했다.

그러나 일본 정부가 우리 국민의 일본에 대한 배상청구권은 모두 1965년 청구권 협정의 문구에 따라 "완전히 그리고 최종적으로" 해결되었다는 입장을 취하고 있음에 따라 지금까지 일본에 대한 강제동원 피해자의 개인 청구권 문제를 둘러싸고 소송과 외교적 마찰이 그치지 않고 있다.

밑줄 부분의 A, B, C를 읽는 한국인 견학자들은 일본 정부의 "완전히 그리고 최종적으로" 해결되었다는 입장에 대해 괘씸하다고 생각할 것이다. 이와 같이 반일을 유도하는 전시물이다.

특히 동 역사관에는 초등학생부터 중고등학생이 다수·단체로 견학을 오고 있어서, 일본 통치시대나 한일협정 체결 때를 알지 못하는 어린 세대에게 일종의 반일 세뇌교육을 하고 있는 건 아닐까? 그런데 이 설명에는 결정적인 사실관계가 빠져 있다. 진실을 알 수 없게 설명한 것을 지적하고 싶다.

A 부분에서는 "한일회담 과정에서 일본군 '위안부' 문제 등 반인도적 강제동원 피해자 문제는 정면으로 취급되지 않았다"고 되어 있는데, 위안부와 노동동원자는 취급이 전혀 달랐다. 그런 사실이 설명에서는 빠져 있다.

한일회담의 주요 의제의 하나는 '피징용자 미수금', '전쟁에 의한 피징용자의 피해에 대한 보상', '한국인의 일본인 또는 법인에 대한 청구'였다. 즉, 노동동원자에 대한 보상은 주요 의제였다.

일본 측은 이들에 대해 근거가 있는 것은 지불할 준비가 되어 있었고, 청구권을 가진 개인에게 직접 지불하고 싶다고 제안했다. 그런데 한국 측이 이들을 포함한 전체의 청구권에 관한 자금을 한국 정부에 일괄하여 지불해 주기 바란다고 요구한 터라 최종적으로 무상 3억 달러가 한국 정부에 지불되었던 것이다.

B 부분에서는 공동위원회가 "일본 국가권력이 관여한 반인도적 불법행위"로 인정한 것은 위안부다. 노동동원은 포함되지 않았다는 사실이 빠져 있다.

게다가 6장에서 자세히 쓰겠지만 민관공동위원회는 오히려 노동동원 보상에 대해서는 1965년 협정의 청구권자금에 포함되어 있다는 견해를 표시하였다. 그것은 2015년 8월에 나온 민관공동위원회의 결론

속에 다음과 같이 표기되어 있다.

> 청구권 협정을 통해서 일본으로부터 수취한 무상 3억 달러는 개인 청구권
> (보험, 예금 등), 조선총독부의 대일 채권 등 한국 정부가 국가로서 갖는 청구
> 권, 강제동원 피해 보상 문제 해결 성격의 자금 등이 포괄적으로 감안되어
> 있다고 보아야 한다.

이 사실을 빠뜨려서는 진실을 알 수 없다.

C 부분에서도 2012년 대법원 판결은 압류 판결이고 확정판결이 아
니라는 중요한 사실이 빠져 있다.

일본 외무성은 한국의 국립 박물관인 '국립 일제강제동원역사관'에서
하고 있는, 도를 넘은 반일 선전을 외교 경로로 항의해야 한다. 동 역
사관에서 간과하면 안 되는 것은 일본의 현직 총리대신 아베 신조 씨를
비롯한 정치인, 외교관, 재계 사람들의 얼굴 사진과 실명을 내보이며
'일본의 통치를 정당화하는 나쁜 일본인'으로 소개하는 전시물이다.

영상에서는 제일 먼저 "일본은 아시아 해방을 위해 노력했다. 한일강
제병합은 합의에 의해 체결되었다"고 하는 문장이 흐른 뒤 시이나 에쓰
사부로(외무대신), 사토 에이사쿠(내각총리대신), 후지오 마사유키(문부대신),
이시하라 신타로(일본유신회 공동대표)가 한 사람씩 약 10초간 그 발언 자막
과 함께 등장한다. 물론 괄호 안의 직책도 전시한 대로다.

두 번째로, "조선침략은 정당했다. 조선을 발전시키는 데 큰 역할을
했다?"라는 문장의 뒤에 구보타 간이치로久保田貫一郎(1953년 한일회담 일본대

표), 다카스키 신이치高三晉一(1965년 한일회담 일본대표), 사쿠라다 다케시櫻田武 (일본경제단체연합회 명예회장)가 역시 10초씩의 발언 자막과 함께 등장한다.

마지막으로 "위안부는 없었다. 한국 여성은 본래 공창이었다?"라는 문장이 나온 후 하시모토 토오루橋下徹(일본 오사카시 시장 일본유신회 공동대표), 니시무라 신고西村眞吾(일본 중의원의원), 오쿠노 세이스케奧野誠亮(법무대신), 아베 신조(일본 총리) 순으로 얼굴 사진이 역시 10초씩 나온다.

아베 총리의 얼굴 사진과 함께 상영되는 자막은 다음과 같다.

> 한국에 기생집이 있었다는 것은 위안부 생활이 생활 속에 녹아들어 있었던 것은 아닌가 하고 생각되고, 기본조약을 맺을 때 한마디도 하지 않았던 것은 이해하기 어렵다(일본의 앞길과 역사 교육을 생각하는 젊은 의원 모임, 1997).

20년도 더 지난 총리의 발언을 일부러 찾아내 전후의 문맥은 보여 주지 않은 채 전시하여 견학자에게 계속 나쁜 인상을 주고 있다. 악의를 느낄 수 있는 반일 전시다.

영상 옆에는 다음과 같은 설명문이 붙어 있다.

> 일제의 무자비한 인적·물적 수탈과 폭력적인 식민지배는 많은 역사적 자료와 피해자의 증언을 통해 확인되고 있는데, 일본 사회의 일각에서는 끊임없이 역사를 왜곡하고 진실을 외면하는 망언이 거듭되고 있다.

한국의 국립 역사관은 아베 총리를 "역사를 왜곡하고 진실을 외면"하는 나쁜 일본인이라고 전시하고 있는 것이다. 이것이 우호국의 태도라고 할 수 있을까? 외교 경로로 항의가 이루어져야 한다. 한국은 이미 국립 역사관을 만들어 국가 전시노동동원에 관한 일본 기업의 보상책임은 남아 있다고 국가 차원에서 선전하고 있다. 그런 바탕 위에 한국 대법원이 신일철주금과 미쓰비시중공업 패소의 확정판결을 냈다.

관민이 협력하여 "전시동원은 강제연행이 아니다", "전후 보상은 청구권 협정에서 끝났다"고 하는 국제 홍보를 하지 않으면 안 된다. 그것 없이는 국제적 오해가 퍼지고, 제2의 위안부 문제가 될지도 모른다. 다음 장부터는 국제 홍보에서 무엇을 전달할 것인가에 대하여 논하겠다.

6
장

한국 정부에 의한
개인 보상의 실태

현 문재인 대통령도 위원으로 참가했던 한국 정부의 위원회도 징용공에 대한 보상은 청구권 협정으로 마쳤다고 인정했던 점을 내외에 널리홍보해야 한다.

한국의 실증주의에 선 경제사학자도 이번 대법원 판결에 따라 조선인 전시노동자는 1회의 노동 대가로 당시 일본 기업으로부터 급여를받고, 박정희 정권 시대에 보상을 받고, 노무현 정권 시대에 재차 보상을 받고, 이번 판결에 의해 네 번째 대가를 받게 되는 대법원 판결을비판했다.

청구권 협정에서
모두 정리

　　　　　　　　일한 간 분쟁 발생에 대한 일본의 국제
사회 홍보의 큰 기둥은 두 가지이다. 첫째는 일본으로서는 한국의 방식
이 국제법에 반한다는 것을 알리는 일이며, 둘째는 전시노동동원의 역
사적 사실을 알리는 일이다. 위의 사실을 관민 모두가 국제사회에 홍보
하는 일은 반드시 필요한 것이다. 6장에서는 국제법에 관한 부분에 대
해 다룬다. 7장 이하에서는 역사의 진실에 대하여 기술한다.

　여기에서는 한국 정부에 의한 개인 보상 실태를 상세히 서술하고자
한다. 이미 본서에서도 몇 번 밝혔지만, 그사이 한국 정부는 두 차례에
걸쳐 전시노동자들에게 국가예산으로 보상을 실시했다. 그것을 자료에
기초하여 정확히 정리하여 홍보해야 한다. 1965년 청구권 협정에서 무
엇이 결정되고 일본이 그에 따라 무엇을 했는지 정확히 홍보하는 일은
매우 중요하다.

　앞에서도 서술했지만 동 협정에 의해 일본 정부는 무상 3억 달러,
유상(저리의 융자) 2억 달러를 제공했다. 1965년 당시 일본 외환준비고

는 겨우 20억 달러였다. 이것으로부터 5억 달러를 10년 분할로 지불했다. 이렇게 지불한 것을 두고 양국은 전시노동자에 대한 보상을 포함하여 모든 과거의 청산이 "완전히 그리고 최종적으로 해결되었다"고 선언했다.

협정 제2조 제1항을 인용하면 다음과 같다.

> 양 체약국은 양 체약국 및 그 국민(법인을 포함한다)의 재산, 권리 및 이익과 양 체약국 및 그 국민 간의 청구권에 관한 문제가 1951년 9월 8일에 샌프란시스코시에서 서명된 일본국과의 평화조약 제4조 (a)에 규정된 것을 포함하여 완전히 그리고 최종적으로 해결된 것이 된다는 것을 확인한다.

더욱이 뒷날 협정의 해석이 서로 다르게 나타나는 일이 생기지 않도록 [한일 청구권 및 경제협력협정 합의의사록]에는 다음과 같이 명기되어 있다.[51]

> (전략) 완전히 그리고 최종적으로 해결된 것으로 되는 양국 및 그 국민의 재산 권리 및 이익과 양국 및 그 국민 간의 청구권에 관한 문제에는 한일회담에서 한국 측으로부터 제출된 "한국의 대일 청구요강"(소위 8개 항목)의 범위

---

51 '재산 및 청구권에 관한 문제 해결 및 경제협력에 관한 일본국과 대한민국 사이의 협정에 대해 합의된 회의록'의 '2 협정 제2조에 관하여'의 (g). 외무성 외무사무관 야타 마사타카谷田正峰, 법무성 입국관리국 참사관 다쓰미 노부오辰巳信夫, 농림성 농림사무관 다케치 도시오武知敏夫 편집 『법령 별책 일한조약과 국내법의 해설』, 대장성 인쇄국, 1966년의 182쪽에 수록.

에 속하는 모든 청구가 포함되어 있고, 따라서 동 대일 청구요강에 관하여
는 어떠한 주장도 할 수 없게 됨을 확인하였다.

여기에서 말하는 [대일 청구요강](8개 항목)이란 1951년, 이승만 정권이
일본 정부에 요구한 보상금과 청구권 목록이다. 이것은 『청구권자금백
서』에 그 전문이 게재되어 있다.

일본 측 자료에 있는 것과 약간의 차이가 있으므로, 여기에서는 한
국 측 자료를 사용한다. 거기에는 [1]번에서부터 [8]번까지의 대항목
이 있고 아래에 가나다라 순으로 소항목이 나열돼 있다. 그 속에서 징
용노동자에 관한 것은 [5]번뿐이다. 그래서 [5]번 이외에는 대항목만을
인용하고, [5]번은 소항목을 포함하여 전문을 인용한다. 밑줄은 필자
가 그었다.

[1] 조선은행을 통해서 반출된 지금地金과 지은地銀의 반환 청구

[2] 1945년 8월 9일 현재 일본 정부의 대對 조선총독부 채무의 변제 청구

[3] 1945년 8월 9일 이래 한국으로부터 진체振替 또는 송금된 금품의 반환
청구

[4] 1945년 9월 9일 현재 한국에 본사, 본점 또는 주된 사무소를 둔 법인의
재일 재산 반환 청구

[5] 한국 법인 또는 한국 자연인의 일본 국내 또는 국민에 대한 일본 공채, 일본
은행권, 피징용 한국인의 미수금, 보상금 및 기타 청구권 변제 청구

  (가) 일본 유가증권

(나) 일본계 통화

(다) <u>피징용 한국인의 미수금</u>

(라) <u>전쟁에 의한 피징용자 피해 보상</u>

(마) <u>한국인의 대 일본 정부 청구 연금 관계와 기타</u>

(바) <u>한국인의 대 일본인 또는 법인 청구</u>

[6] 한국인(자연인 및 법인)의 일본 정부 또는 일본인(자연인 또는 법인)에 대한 개별적인 권리관계 행사에 관한 원칙

[7] 전기 제 재산 또는 청구권에서 발생한 제 과실 반환 청구

[8] 전기 반환 및 결제의 개시 및 종료 시기에 관한 항목

여기에서 보는 바와 같이, 한국 정부는 한일 국교 교섭에 있어 [5]번의 (다) <u>피징용 한국인의 미수금</u>, (라) <u>전쟁에 의한 피징용자 피해에 대한 보상</u>, (마) <u>한국인의 대 일본 정부 청구 연금 관계와 기타</u>, (바) <u>한국인의 대 일본인 또는 법인 청구</u>를 청구하였다. 또 한일 교섭에서 한국은 '징용'을 '모집'과 '관알선'을 포함하는 '전시노동' 전체를 의미하는 것으로 적용하고 있었다.

그리고 청구권 협정으로 이들을 포함한 전체가 "완전히 그리고 최종적으로 해결됨을 확인"하였다. 게다가 "협정에 대해 합의된 의사록"에서 이들에 대해서도 "어떠한 주장도 할 수 없게 됨을 확인하였다"는 것이다.

한국 정부가 진행한
개인 보상

　　　　　　　　　　한국 정부는 일본으로부터 받은 자금을 사용하여 민간인 보상을 실시했다. 『청구권자금백서』에 다음과 같이 명기되어 있다.

> 대일 청구권자금의 도입이 확정된 후, 바로 민간인에게 보상을 실시하는 것이 바람직했지만, 정부의 재정 사정과 청구권자금이 10년간에 걸쳐 분할 도입된다는 점을 고려하여, 그 도입이 완료되는 1975년도에 보상을 실시하게 되었는데, 당시 경제개발계획을 서두르고 있던 정부로서는 <u>이 자금에 의해 각 산업을 균형 있게 개발함을 통해서 국민소득을 향상시키는 것이 무엇보다도 급한 과제였으므로, 그간 민간인에 대한 보상 문제를 연기해 왔던 것이다.</u> 그러나 정부는 대일 민간 청구권 보상 문제를 해결하기 위해 청구권자금 도입이 끝나기 전인 1971년 5월부터 1972년 3월까지에 걸쳐 대일 민간 청구권의 신고를 공고하고, 그것을 접수하여 1974년 12월 21일부로 민간인에 대한 보상대상, 방법, 절차 등을 규정한 [대일 민간 청구권 보상에 관한 법률]을 제정, 공포하는 한편, 그 시행을 위한 세부 절차를 규정한 [동법 시행령]을 1975년 4월 1일부로 제정, 공포하고 1975년 7월부터 민간 보상을 실시하여 1977년 6월 30일까지 계속 실시하게 되었다.

　　밑줄 친 부분을 잘 살펴보기 바란다. 당시 한국경제 사정은 농촌에서 봄에 밭에다 뿌릴 씨앗까지도 먹어버릴 만큼 심했던 보릿고개가 매년 있을 정도로 가난했다. 전시노동자들에게 일본으로부터 받은 자금을 나눠줘 버리면 빈곤 생활을 위해 소비해 버린 채 그것으로 끝나고 만다. 일본 통치의 피해를 받았다고 한다면 그것은 전 국민이 받은 것이므로 "각 산업의 균형 있는 개발을 통해서 국민소득"을 향상해 즉, 전 국민이 풍요롭게 살기 위해 일본으로부터 받은 자금을 생산재에 투자하는 것을 우선시했던 것이다. 3장에서 본 것처럼 박정희 정권은 청구권자금 용도 기준의 제1로 "전체 국민이 이익을 균등하게 얻는다"라는 것을 앞에 내걸고 경제개발에 몰두하여 세계가 기적이라고 칭찬하는 고도 경제성장을 실현한 후 개인 보상을 실시했다. 보상은 크게 나누어 재산 관계 청산과 사망 유족 보상의 두 종류가 있었다.

재산 관계에서는 예·저금·국채, 보험료, 연금 등이 있었다. 이것들은 8항목 요구 속의 [5]번 안에 있는 "(마) 한국인의 대 일본 정부 청구 연금 관계 기타, (바) 한국인의 대 일본인 또는 법인 청구"였다.

이와 함께 [1945년 8월 15일부터 1947년 8월 14일까지 일본으로부터 귀국한 대한민국 국민이 귀국 시에 일본 정부기관에 맡긴 기탁금]도 재산 관계 보상의 대상으로 지목되었다. 종전과 함께 귀국의 대혼란 속에서 8월분의 급료나 퇴직금 등의 지불이 불가능한 경우가 많았다. 공산당의 지도를 받고 있던 조선인연맹과 같은 조직이 기업으로 몰려와 그것을 강압적으로 받아가는 사례가 빈발했다. 그에 대해 일본 정부는 공탁으로 예치해 두도록 기업을 지도했다. 이것이 8개 항목 중의 "(다) 피징용 한국인의 미수금"에 해당한다.

한편 "(라) 전쟁에 의한 피징용자 피해 보상"에 해당하는 것이 사망자

유족에 대한 보상이었다. '일본국에 의해 군인, 군속 또는 노무자로서 소집 또는 징용되어 1945년 8월 15일 이전에 사망한 자'의 유족에게 1인당 30만 원이 지불되었다.

1977년 6월 30일까지 합계 8만 3,519건에 대해 91억 8769만 3,000원의 보상금을 지불했다. 이것은 3억 달러의 9.7%에 해당한다. 이 속에서 미수금이나 저금 등 재산 관계 청산이 7만 4,967건, 66억 2209만 3,000원이었다. 이때 일본 화폐 1엔은 한국 화폐 30원으로 계산되었다. 동원 당시의 사망자 보상금은 8,552명, 1인당 30만 원씩 합계 25억 6560만 원이었다. 부상자나 생환자 보상은 없었다.

하지만 이번에 문제가 된 전시노동자의 경우는 예금이 있었다든가 미불 임금의 기탁이 있었을 경우, 금액에 기초하여 청산할 수 있었다. 사고 등으로 사망한 자는 1인당 30만 원의 보상이 되고 부상한 자는 받을 수 없었다. 단, 다치지 않고 무사 귀국한 자는 보상이 나오지 않았다. 계약에 기초한 민간 기업에서의 임금노동이라는 전시노동자의 실태를 한국 정부도 잘 이해하고 있었던 터라 보상은 이와 같이 되었을 것이다. 다른 한편으로는 독립운동 참가자와 그 자손에 대한 지원도 실시되었다.

'민관' 공동위원회

두 번째 개인 보상은 노무현 정권에 의해 이루어졌다. 노무현 정권은 2005년, 한국 외무부의 반대를 무릅쓰고 한일 국교 교섭 외교문서를 공개했다. 그때 '한일회담 문서공개 대책

민관공동위원회'(민관공동위원회)가 조직되었다.[52]

위원회는 '관민공동위원회'가 아니라 '민관공동위원회'로 되어 있는데 위원의 구성을 보면 중대한 외교 안건을 취급하는 위원회에 좌파 변호사나 운동가를 포함한 민간인이 다수였음을 알 수 있다.

위원장도 '공동위원장'으로 하여 민 측에서는 좌파 변호사로서 후에 대법원장이 된 이용훈, 관 측에서는 이해찬 국무총리(2019년 1월 현재, 문재인 정권의 여당인 민주당 대표)가 선정되었다.

정부 위원은 9명. 그 속에 대통령 민정수석비서관이었던 문재인(현 대통령)이 포함되어 있었던 것은 주목할 만하다. 그 외에는 장관급 8명, 즉 재정경제부, 외교통상부, 행정자치부, 법무부, 보건복지부의 각 장관, 기획예산처 장관, 국가보훈처장, 국무조정실장이었다.

한편 민간 위원은 10명으로 정부 위원보다 한 사람 더 많았다. 변호사, 학자, 외교관, 신부, 언론인, 재계 인사 등과 나란히 좌파운동단체인 '참여연대' 운영위원장 손혁재가 들어가 있는 것도 주목된다.

문재인도 참가하고 좌파계 민간인도 다수 참가한 동 위원회는 2005년 8월 26일, '1965년 한일 청구권 협정의 효력 범위 문제'의 위원회 결론을 문서로 공표했다. 거기에서 위안부에 대해서는 "청구권 협정에 의해 해결된 것으로 볼 수 없고, 일본 정부의 법적 책임이 남아 있다"는, 일본으로서는 도저히 납득하기 어려운 입장을 표명했다.

또한 "1975년의 한국 정부의 보상 당시 강제동원 부상자를 보상대상

---

52 '국무조정실 보도자료 한일회담 문서 공개 후속대책 관련 민관공동위원회 개최' 2005년 8월 26일. http://www.opm.go.kr/flexer/view.do?ftype=hwp&attachNo=73036 2020 10월 30일 열람.

에서 제외하는 등 도의적 차원에서 볼 때 피해자 보상이 불충분하였다"
고 자국 정부의 보상이 부족하였음을 인정하고 "정부 지원 대책을 강구
할 것"을 결정했다.

노무현 정권의 결정은 중요한 사항으로 민관공동위원회가 2005년 8
월에 공표한 문서의 관련 부분을 여기에 인용한다.

■ 또한 위원회는 한일협정 협상 당시 한국 정부가 일본 정부에 대하
여 요구했던 강제동원 피해 보상의 성격, 무상자금의 성격, '75년 한국
정부 보상의 적정성 문제 등을 검토하고 다음과 같이 정리하였음.

• 한일협상 당시 한국 정부는 일본 정부가 강제동원의 법적 배상·보상
을 인정하지 않음에 따라, "고통 받은 역사적 피해 사실"에 근거하여 정
치적 차원에서 보상을 요구하였으며, 이러한 요구가 양국 간 무상자금
산정에 반영되었다고 보아야 함.

• 청구권 협정을 통하여 일본으로부터 받은 무상 3억 달러는 개인 재산
권(보험, 예금 등), 조선총독부의 대일 채권 등 한국 정부가 국가로서 갖
는 청구권, 강제동원 피해 보상 문제 해결 성격의 자금 등이 포괄적으
로 감안되어 있다고 보아야 할 것임.

• 청구권 협정은 청구권 각 항목별 금액 결정이 아니라 정치 협상을 통
해 총액 결정 방식으로 타결되어 각 항목별 수령금액을 추정하기 곤란
하지만,

– 정부는 수령한 무상자금 중 상당 금액을 강제동원 피해 구제에 사용하
여야 할 도의적 책임이 있다고 판단됨.

※ 한국 정부가 1961년 6차 회담시 8개 항목 보상으로 일본에 요구한 총 12억 2000만 달러 중 강제동원 피해 보상으로 3억 6000만 달러 (약 30%)를 산정한 바 있음.

• 그러나 '1975년 우리 정부의 보상 당시 강제동원 부상자를 보상대상에서 제외하는 등 도의적 차원에서 볼 때 피해자 보상이 불충분하였다고 볼 측면이 있음.

■ 정부는 이러한 위원회의 논의 결과를 토대로 오랜 기간 고통을 겪어 온 강제동원 피해자의 아픔을 치유하기 위해서 도의적·원호적 차원과 국민통합 측면에서 정부 지원 대책을 마련하기로 하였음.

• 강제동원 피해자들에 대해 추가적 지원 대책을 강구하고, 강제동원 기간 중의 미불 임금 등 미수금에 대해서도 일본으로부터 근거자료 확보 노력 등 정부가 구제 대책을 마련.

• 아울러 정부는 일제 강제동원 희생자 추모 및 후세의 역사 교육을 위해 추도 공간 등을 조성하는 방안도 검토.

이 결정의 1년 전인 2004년, [일제강점하강제동원피해진상규명등에관한특별법]이 시행되고, 한국 정부는 군인·군속, 노동자, 위안부의 인정작업을 시작했다. 그리고 2010년에 민관공동위원회의 결정에 따라 [대일항쟁기강제동원피해조사및국외강제동원희생자등지원에관한특별법]이 만들어졌다. 동법에 따라 '대일항쟁기강제동원피해조사및국외강제동원희생자등지원위원회'가 '동원피해자'들과 그 유족에게 위로금을 지급하고 '미불금'을 청산했다.

위로금으로는 사망자 또는 행방불명자 1인당 2000만 원, 부상에 의한 장애인에게는 그 장애의 정도에 따라 최고 2000만 원부터 최저 300만 원을 본인이나 유족에게 지급했다. 또 국외로부터 생환한 자 중에서 생존자에게는 본인에 한하여 의료지원금으로 연 80만 원을 지급하고, 미수금이 있는 자에게는 당시의 1엔을 2,000원으로 환산하여 지원금을 지급했다.

동 위원회는 2008년부터 2015년 12월까지 총계 11만 2,556건의 신청을 접수하고 심사 결과 7만 2,631명에게 합계 약 6000억 원의 위로금과 지원금을 지급했다. 지급률은 64.6%였다.

사망자의 위로금 신청은 2만 681건이고, 1만 7,880건(86.5%)이 인정되었다. 부상 장애인은 신청 3만 3,278건 내 1만 6,228건이 인정되었다. 일본으로부터 제공된 공탁 관계 자료 등으로 피해사실이 확인되지 않으면 인정되지 않아서 신청이 다수 기각되었다고 한다.

의료지원금은 신청 시점에 살아 있는 피해자에 한해 인정되었다. 신청 2만 5,268건 내에서 2만 4,530건(97.1%) 인정되었다.

이상의 숫자는 동 위원회가 2016년 6월에 발행한 「위원회 활동 결과 보고」에 따른 것이다.

현 문재인 대통령도 위원으로 참가했던 한국 정부의 위원회도 징용공에 대한 보상은 청구권 협정으로 마쳤다고 인정했던 점을 내외에 널리 홍보해야 한다.

한국의 실증주의에 선 경제사학자도 이번 대법원 판결에 따라 조선인 전시노동자는 1회의 노동 대가로 당시 일본 기업으로부터 급여를 받고, 박정희 정권 시대에 보상을 받고, 노무현 정권 시대에 재차 보상을 받고, 이번 판결에 의해 네 번째 대가를 받게 되는 대법원 판결을 비판했다.[53]

말해야 할 것은 말한다는 자세가 일본 외교에 없었던 탓에 이번과 같은 이상한 확정판결이 나왔던 것이다.

한국에 대해서는 예의를 갖추되 비판을 거듭하여 할 수밖에 없다. 또 관민이 협력하여 국제사회에 조선인 전시노동자의 역사와 한일의 전후 처리 진실을 전하는 것에 전력을 다해야 한다. 즉, 한일의 일부세력이 주장하는 '강제연행', '노예노동'은 사실 무근으로 전후 한일 국교는 지혜를 발휘해 전후 보상을 완결했고 양호한 외교 관계를 쌓아 왔다는 것을 국제사회에 널리 알리는 일은 매우 중요한 일임에 틀림없다.

그를 위해서는 연구와 홍보의 거점이 될 확실한 재단이나 연구소를 만들어야 한다. 발등에 불이 떨어진 신일철주금, 미쓰비시중공업, 후지코시 등의 민간 기업도 거기에 자금을 내고, 자사와 일본의 양보할 수 없는 이익을 지켜야 함을 여기에서도 강조하고 싶다.

---

53 이우연, 「만들어진 근현대사, 일제시대 '강제징용'이라는 신화」, 한국 보수 인터넷 뉴스 『미디어워치』 사이트, 2018년 11월 25일 업로드. https://www.mediawatch.kr/news/article.html?no=253741 2020년 10월 30일 열람.

7
장

전시노동의 실태 1
- 통계로 본 사실

종전 시의 재일 조선인 인구 200만 명 내 8할은 자신의 의사로 일본에
건너온 돈벌이 이주자라는 것이다. '강제연행'이란 자신의 의사에 반
하여 데려왔다는 것인데, 종전 시의 재일 조선인 인구의 8할은 전시동
원과 관계없이 스스로 일본으로 진출, 도항해 온 자들과 그들의 자식
들이었다. 또 동원에 의해 도항한 후 동원현장을 떠나 자신의 의사에
따라 일본에서 계속 생활하고 있었던 자들도 있었다.

'강제연행'이 아니라
'전시동원'

           7장부터는 전시노동의 역사적 실태를 논하고자 한다. 그것이 일본이 해야 할 국제 홍보의 두 번째 기둥이다. 먼저 '조선인 강제연행'설의 오류에 대해서 논의한다. 아직까지도 내외에서 일본 통치시대 일본의 악업惡業으로 '조선인 강제연행'이 종종 지적되고 있다.

    예를 들면 고인이지만, 한때 정계를 좌지우지했던 노나카 히로다케野中廣武 전 자민당 간사장은 한국·조선의 과거 청산 필요성을 강조하면서 전쟁 중 자택 근처에서 '강제연행'된 조선인 노동자가 심한 대우를 받았다고 입버릇처럼 말했다. 더구나 노동자는 가족이 함께했는데 아이가 있었다고도 말했다. 자신도 모르게 실토를 한다더니 바로 이 말이다. '강제연행'된 것이라면 당연히 가족과 뿔뿔이 흩어졌을 것이다.

    그 시대에 태어났다고 해서 반드시 사건의 본질을 이해할 수 있는 것은 아니다. 우선 '강제연행'설이 어떠한 것인지 살펴보자.

제도적으로 말하면, 이른바 '조선인 강제연행'이란 1939년에 '국가총동원법'에 기초하여 만들어진 '조선인내지이송계획'에 의해 조선인 노동자가 조선에서 일본 내지(사할린과 남양군도를 포함한다)로 이송된 것을 말한다. 그 동원이 '강제연행'이고, 일하게 되는 방식이 '노예노동'이었다고 하는 일방적인 주장이다. 혹은 그에 군인·군속으로서의 동원을 더하여 생각하는 경우도 있다.

당시는 '강제연행'이라는 말이 없었다. 오히려 실태는 '강제연행'이라는 말이 의미하는 것과 크게 동떨어져 있었다. 이 책에서 자세하게 논증하듯이 '강제연행'이라는 말을 사용하는 것은 잘못이다. 따라서 여기에서는 '전시동원'이라고 부른다.

6장에서 보았듯이, 반일 정책을 강하게 추진한 이승만 정권이 과거 청산 요구를 망라해 정리한 '대일 청구요강' 속에서도 '강제연행'이라는 말은 사용되지 않았다. 단지 "피징용 한인의 미수금", "전쟁에 의한 피징용자 피해보상"이라는 표현이 있을 뿐이다.

강조하고 싶은 것은, 지금 일부의 한국인과 일본인이 믿게 된 것처럼 노예사냥과 같은 노동자 사냥이 있었고 다코베야[54]와 같은 곳에서 노예처럼 혹사당했다는 주장은 반일 정책을 내건 이승만 정권조차 하지 않았다는 사실이다.

---

54 역자 주: 제2차 세계대전 이전에 홋카이도와 사할린에 있었던 노동조건이 열악한 광산 노동자나 공사장 인부의 합숙소를 말한다.

'전시동원' 개시 이전의
재일 조선인은 80만 명

'조선인내지이송계획'에 대해서는 모리타 요시오森田芳夫의 실증적인 연구가 있다. 모리타는 법무성과 외무성의 사무관으로서 재일 한국인을 실증적으로 조사·연구했고, 그 과정에서 공식 통계를 구사한 중요한 연구들을 발표하였다. 그것들은 현재까지도 정치적인 입장과 관계없이 많은 연구자들의 필독문헌이 되고 있다.

1992년에 고인이 되었고, 그 연구 업적 중 다수는 잡지 논문 형태로만 남아 있지만, 1996년에 3개의 논문이 재일 조선인 연구자 김영달 씨의 편집에 의해 단행본 『숫자가 말하는 재일 한국·조선인의 역사』(『數字が語る在日韓國朝鮮人の歷史』, 메에세키쇼텐名石書店, 이하 『숫자』라고 한다)로 출판되었다.

7장에서는 주로 이 책에 인용된 공식 통계를 사용하여 전시동원 실태에 접근한다.

'조선인내지이송계획'이 세워진 1939년으로 돌아가자. 1910년 한일합병 이후 29년째였던 전년도 1938년 말에 일본 내지의 조선인 인구는 그림1에서 보듯이 약 80만 명이었다(내무성 통계).[55] 또한 지금부터 본문 속의 통계 숫자는 독자들이 이해하기 쉽도록 주로 대략의 숫자만 쓰고, '약約'이라는 글자도 붙이지 않겠다.

전시동원 개시 시점에서 전후 일본에 잔류한 54만 명을 20만 명 이

---

55 역자 주: 원서는 그래프가 아니라 표로 되어 있다. 편의상 그래프로 대체했다.

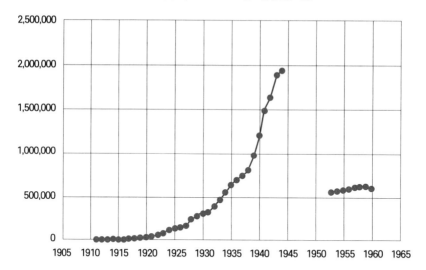

그림1 재일 조선인 인구의 추이 1911~1960년 7월 (단위: 명)

森田芳夫(1996), 『數字が語る在日韓國·朝鮮人の歷史』, 1911~1944년은 내무성 통계에 의
한다. 1953~1960년은 외국인 등록에 의한다. 1954, 1956, 1959년은 9월 말의 수치이다(연
말로 하지 않은 것은 등록을 다수 교체하는 시기였기 때문이다). 1960년은 7월 말의 수치.
1945~1952년은 국세 조사인데, 외국인 등록의 통계도 있지만 부정확하여 여기에는 게재하
지 않았다.

상이나 상회하는 조선인이 이미 일본에 살고 있었다는 사실을 후술하
는 논의를 위해 기억해 주기 바란다. 즉, 병합의 전년인 1909년 말의
재일 조선인 인구는 790명 정도에 지나지 않았는데, 그림1에서 보는
것처럼 병합 10년 후인 1920년에는 3만 명, 또 1930년에는 30만 명으
로 증가했다. 그러면 1945년 8월에 재일 조선인 인구는 몇 명이었을
까? 정확한 통계는 없다. 모리타는 다음과 같이 추계하고 있다.

1944년 말의 일반 조선인 인구는 191만 1,409명(사할린은 제외)이고, 1945년

에 들어서부터 공습으로 인해 조선으로 소개疎開되는 자가 많아 5월까지 통계에서 내지로의 도항자보다 귀환자가 1만 명가량 많았다. 그 이후는 연락선이 두절되어 자연 증가를 고려했다. 군인 수를 더해 종전 시 200만 명 전후였다(『숫자』,157쪽).

전시동원이 시작되기 전 해인 1938년 말에 이미 80만 명의 조선인이 일본으로 건너와 있었다. 1945년에는 200만 명으로 증가했다. 그러면 그 차이인 120만 명이 전시동원에 의해 일본 내로 들어온 인구라고 할 수 있을까?

결론부터 말하면 그것은 전혀 사실이 아니다. 종전 당시, 전시동원으로 동원현장에 있었던 조선인 노동자는 32만 명이었다(후생성 통계. 정확하게는 32만 2,890명. 『숫자』, 68쪽).

표2에서 보듯이 동원노무자 통계에 포함되지 않는 조선인 군인·군속이 종전 시 내지에 11만 명이 있었다. 이것을 포함하면 전시동원으로 들어온 인구는 43만 명이 되고, 종전 시 재일 조선인 인구 200만 명의 22%, 전시동원 기간 증가분인 120만 명의 36%가 된다(표3. 표4).

8할은 자신의 의지에
따라 돈벌이로

이것은 대체 무엇을 의미하는가? 종전 시의 재일 조선인 인구 200만 명 내 8할은 자신의 의사에 따라 일본에 건너온 돈벌이 이주자라는 것이다. '강제연행'이란 자신의 의사에 반하여 데려왔다는 것인데, 종전 시의 재일 조선인 인구의 8할은 전시동원과 관계없이 스스로 일본으로 진출, 도항해 온 자들과 그들의 자식들이었다. 또 동원에 의해 도항한 후 동원현장을 떠나 자신의 의사에 따라 일본에서 계속 생활하고 있었던 자들도 있었다.

'강제연행'이라는 말에 미혹되어 지금까지는 역사의 진실을 제대로 알 수 없었다. 이 숫자가 의미하는 바를 이해하기 위해서는 우선 전시동원이 시작되기 전, 조선인의 일본으로의 도항 실태를 이해해 둬야 한다.

식민지 통치시대 35년간, 특히 1921년 이후 종전까지의 24년간은

표2 종전 시의 내지 조선인 군인군속 (단위: 명)

군	분류	인원
육군	군인	41,448
	군속	19,232
해군	군인	7,485
	군속	44,553
계		112,718

引揚援護廳 조사에 의한다. 森田芳夫(1996), 『數字が語る在日韓國·朝鮮人の歷史』, 175쪽 표를 가공했다.

표3 종전 시의 내지 조선인

분류	전시동원	돈벌이 이주	계
인원	43만 명	157만 명	200만 명
%	22	78	100

표4 종전 시의 내지 조선인 군인군속

분류	전시동원	돈벌이 이주	계
인원	43만 명	77만 명	120만 명
%	36	64	100

조선반도로부터 일본 내지로 많은 수의 이주가 이루어졌다. 1923년 9월, 관동대지진으로 유언비어에 의해 재일 조선인들이 자경단의 손에 살해되는 가슴 아픈 사건이 있었지만, 재일 조선인 인구는 그 이전인 1922년 6만 명, 대지진의 해인 1923년에는 8만 명, 그다음 1924년에도 12만 명으로 계속 증가했다. 조선으로부터 인구 유입은 멈추지 않았다.

이주의 대부분은 돈벌이 노동자와 그 가족이었다. 모리타가 『숫자』에서 다음과 같이 쓰고 있는 대로다.

조선인의 일본 이주는 일반적인 해외 이주처럼 한 가족 모두가 일정한 이주 처에 정착하는 것은 아니었다. 돈벌이 노동자로서 일본 내지에 도항하여 직장과 거주지를 전전하면서 점차 생활 기반을 개척하며 그 가족을 불러들였다. 끊임없이 조선의 고향 땅을 왕복하였던 것이다. 그 때문에 통계에서는 매년 도항 수에 가까운 귀환자 수가 보이고 있다(『숫자』, 65쪽).

실은 돈벌이 이주는 전시동원 시기에도 그치지 않았다. 오히려 급증하였다. 그것을 이해하기 위해서라도 전시동원에서 조선으로부터 일본으로의 돈벌이 이주의 큰 흐름이 있었음을 확인하여 둔다.

식민지 시대,
인구가 급증한 조선

거대한 돈벌이 이주는 왜 일어났는가? 그 원인은 다음 세 가지다.

첫째, 식민지 통치시대 인구가 비약적으로 증가했다. 조선인 인구는 통치가 개시된 1910년에 1300만 명이었는데, 종전 시 2900만 명 이상에 도달하였다. 조선 내에 2500만 명이 있었고, 재일본 200만 명, 재만주·화북 200만 명, 재소련 10만 명이었다. 일본 통치기간에 2.3배, 1600만 명이 증가한 것이다.

둘째, 증가한 인구의 대부분을 포함하고 있는 조선 농촌 생활의 빈곤함이다.

셋째, 당시의 일본 내지에는 돈벌이 이주를 받아들일 수 있는 많은 노동력 수요가 있었다. 일본 내지의 도시, 광산, 공장에는 일자리가 있었고, 여비만 준비하면 대략 살아갈 수 있었다. 거리가 가까워 조선과 내지 간을 빈번히 왕복하는 것이 가능하였다. 1926년 이후가 되어 그 수는 왕복을 합산하여 10만 명이 넘었다.

다수의 '부정도항자'를
조선으로 강제 송환

일본어가 미숙한 저학력의 조선인 농민 다수가 일본으로 도항함에 따라 일본 사회에서 다양한 마찰이 발생했다. 또 일본 내의 경기가 하강할 때에는 일본인 노동자가 직장을 잃는 일도 있었다. 그리고 전시동원체제가 되면 동원을 회피한 조선인 노동자가 일본 내의 비군사산업에 취업하여 동원계획 수행을 방해했다. 이 때문에 일본 정부는 행정 조치로 매우 엄격하게 도항을 제한했다.

표5의 조선총독부 통계에 의하면, 1925년부터 1937년까지 부산 등의 출발항에서 증명서 등 소정의 조건을 갖추지 못해 도항이 저지된 노동자와 가족은 16만 명이었다. 또 1933년부터 1938년까지 조선 내 거주지에서 도항이 저지된 자는 73만 명에 이른다.

통계가 있는 1933년부터 1937년의 5년간 110만 명이 도항출원을 냈지만(재출원 포함), 그 6할에 해당하는 65만 명이 불허되었다. 도항 허가율은 절반 이하인 4할이었다.

정식 절차를 취하지 않은 부정도항도 끊이지 않았다. 내지에서는 부정도항자를 단속하고 조선으로 송환하는 등의 조치를 취하였다. 표6의 내무성 통계에 의하면, 1930년부터 1942년까지 13년간, 내지에서 발견된 부정도항자는 3만 9,000명, 조선으로 송환된 자는 3만 4,000명에 이른다.

특히 주목하고 싶은 것은 전시동원이 시작된 1939년부터 1942년까지의 4년간에 부정도항으로 발견된 자가 2만 3,000명(전체의 6할에 조금 못 미친다), 송환자가 1만 9,000명(전체의 6할에 조금 못 미친다)으로, 전시동원 중에 오히려 부정도항이 급증했다는 점이다. 1939년부터 1941년까지는 '모집', 1942년부터는 '관알선'의 시기였다.

만일 같은 시기에 조선으로부터 억지로 노동자를 연행해 온 것이라

표5 조선인 노무자의 일본 내지 도항 저지 1925년10월~1938년 (단위: 명)

연도	출발항 저지	출발지	
		출원	저지
1925	3,774	-	-
1926	21,407	-	-
1927	58,296	-	-
1928	47,297	-	-
1929	9,405	-	-
1930	2,566	-	-
1931	3,995	-	-
1932	2,980	-	-
1933	3,306	300,053	169,121
1934	4,317	294,947	188,600
1935	3,227	200,656	135,528
1936	1,610	161,477	87,070
1937	1,491	130,430	71,559
1938	-	-	75,216
계	163,760	-	727,094

조선총독부 경찰국 「最近における朝鮮治安狀況」 1933년판, 1938년판에 의한다. 출발항 저지는 1925~1930년은 부산, 1931~1938년은 부산, 목포 및 청진항의 통계. 1925년의 수치는 10~12월. 출발지의 출원과 저지는 조선 내 각 도로부터 보고된 수를 집계한 것이다. 노동자 및 그 가족을 포함했으며, 출원에 대한 처분 완결 후 재출원한 경우도 있어 그 수가 중복되어 있다. 森田芳夫(1996), 『數字が 語る在日韓國·朝鮮人の歷史』, 74쪽 표를 가공했다.

면, 왜 2만 명 가까이를 송환했는지 설명할 수 없다. 결국 강제연행 등은 없었던 것이다.

일본 정부는 전시동원이 이루어진 약 7년간의 시기 중에서, 통계가 존재하는 1939년부터 1942년까지 4년간, 2만 명에 가까운 조선인 부정도

표6 '부정도항'과 조선 송환 1930~1942년 (단위: 명)

연도	부정도항 발견	조선 송환
1930	418	210
1931	783	509
1932	1,277	943
1933	1,560	1,339
1934	2,297	1,801
1935	1,781	1,652
1936	1,887	1,691
1937	2,322	2,050
1938	4,357	4,090
1939	7,400	6,895
1940	5,885	4,870
1941	4,705	3,784
1942	4,810	3,701
1939~1942 소계	22,800	19,250
계	39,482	33,535

내무성 경보국, 「社會運動の狀況」, 각 해年에 의한다. 1930년, 1931년은 1~11월의 수치. 森田芳夫(1996), 『數字が語る在日韓國・朝鮮人の歷史』, 75쪽 표를 가공했다.

항자를 조선으로 강제 환송했다(표6). 이 사실은 당시엔 상식이었지만 지금은 거의 잊혀졌다. 여기에 전시동원 실태를 알 수 있는 열쇠가 있다.

'부정도항' 방법은 내무성이 1930년부터 1942년까지 조사한 바에 따르면, 브로커에게 현금을 지불하고 소형 선박으로 밀항하거나, 도항증명서를 위조하거나, 내지인으로 가장하는 등이었다(『숫자』, 66쪽).

주목할 것은 전시동원 개시 후에 부정한 방법으로 동원대상자가 되

어 '부정도항'하는 자가 꽤 있었다는 점이다. 구체적으로는 ① 동원대상
자의 도항 중지 때에 서로 합의한 뒤 호적등본을 받거나, ② 인원점호
때 동원대상자가 없으면 그를 대신하여 대답하고 섞여 들어가거나, ③
인솔자의 빈틈을 노려 섞여 들어가는 방법 등이 있었다. 내지에 도착하
면 그들은 틈을 보아 도망갔다.[56]

'동원'은 도항자 전체의
1할에 지나지 않는다

지금까지 전시동원이 행해지기 전의 상
황을 살펴보았다. 그것을 전제로 한 전시동원의 실태를 검토하고 싶다.
1938년에 국가총동원법이 성립하고 1939년 7월에는 국민징용령이 내
지에서 시행되었지만, 조선에서는 군속을 제외하고는 시행되지 않았
다. 같은 시기에 기획원·후생성이 국민동원계획을 세우고 그중에 조선
인 노무자의 내지 이송이 포함되었다.

이송은 3단계로 나누어 행해졌다.

1939년 10월부터 '모집' 형식의 이송이 시작되었다. 후생성이 인가한 탄
광, 광산, 토건, 기타 공장의 사업주들은 조선총독부가 지정한 지역에서
노동자를 모집했다. 1942년 2월부터는 '관알선' 형식이 되었다. 조선총독
부는 각 시군 등에 동원 수를 할당하여 그것을 민간 기업에 인도했다.

---

56 森田芳夫(1955), 『在日朝鮮人の推移と現狀』, 39쪽.

표7 일본 내지로의 노무동원 1939~1945년 (단위: 명)

연도	조선총독부 통계	후생성 통계	내무성 통계
1939	49,819	38,700	
1940	55,979	54,944	126,092
1941	63,866	53,492	
1942	111,823	112,007	122,429
1943	124,286	122,237	117,943
1944		280,304	185,210
1945		6,000(추정)	52,755
계	405,763	667,684	604,429

조선총독부 및 후생성 통계 연도는 당해 연도 4월부터 다음 해 3월까지이고, 내무성 통계는 당해 연도 1월부터 12월. 단, 1945년은 1~3월이다. 조선총독부 통계는 제86회 제국의회 예산 설명자료(우방협회, 『太平洋戰爭下の朝鮮 (5)』)에 의한다. 총독부의 다른 자료(사할린과 남양군도를 포함한 통계)에서는 1944년은 286,432명, 1945년은 10,622명이다. 후생성 통계는 미국전략폭격조사단 『戰時期日本の生活水準と人力の活用 (1947년 1월)』을 인용한 후생성 근로국 통계. 내무성 통계는 『社會運動の狀況』 및 내무성 자료에 의하였다. 森田芳夫(1996), 『數字が語る在日韓國·朝鮮人の歷史』, 75쪽 표를 가공했다.

1944년 9월부터는 '징용'이 조선에서도 시작되었다. 조선인 전시노동자의 동원 수에 관한 통계는 내무성, 후생성, 조선총독부의 3종이 있다(표7).

보내는 측인 조선총독부의 숫자가 받아들이는 측인 내무성과 후생성의 숫자보다 많다. 이것은 도중에 도망친 자가 있었던 것을 반영하고 있다. 또 후자 2개의 숫자도 서로 다르다. 따라서 이들에 근거한 숫자에 관한 논의는 대략적인 경향을 알기 위한 것임을 미리 말해 둔다.

우선 내지로 동원된 조선인 전시노동자 총수를 살펴보자. 3개의 통계 모두 1945년의 수치는 명확하지 않다. 후생성은 1945년 1월~3월까지의 수를 6,000명으로 추계하여 전 기간의 동원 수를 66만 7,684명이라고 한다. 내무성은 1945년 3월 말까지 50만 4,429명이라고 하여 차이가 있다. 또 1959년에 법무성 입국관리국은 63만 5,000명 정도라는 견해를 공표했다.[57]

3개의 동원 수 통계 중에서 내무성의 것만 1~12월의 숫자이고, 다른 2개는 4월부터 다음 해 3월까지의 숫자이다. 내무성은 그림1에 나타낸 재일 조선인 인구 통계 외에 내지로의 도항 총수의 통계를 작성했다. 그것들은 모두 1~12월의 숫자다. 때문에 동원 수에 관해 비교나 가공하기가 편리하여 여기에서는 주로 내무성 통계를 사용하였다. 단, 내무성의 도항자·귀환자 통계는 누락이 많다고 알려져 있으므로, 대강의 경향을 나타내는 숫자로 보기 바란다.

우선 모집 시기인 1939년부터 1941년의 상황을 보자. 1938년 4월, 국가총동원법이 공포되고 전쟁에 필요한 물자, 노동력의 계획적 동원이 본격화했다. 다음 해인 1939년, 내지에서는 '국민징용령'으로 대대적인 노동자 동원이 시작되었지만 조선에서는 징용령이 발동되지 않았다. 같은 해 9월부터 '모집' 형식의 동원이 시작되었다.

이것은 전쟁 수행에 필요한 석탄, 광산 등의 사업주가 후생성의 인가와 조선총독부의 허가를 얻어 조선총독부가 지정한 지역에서 노동자를 모집한 것이다. 모집된 노동자는 고용주 또는 그 대리자가 인솔하여 집

---

57 법무성 입국관리국(1959년 5월), 『出入國管理とその實態』, 11쪽.

단적으로 도항, 취로했다. 집단적으로 도항함으로써 노동자가 개별적으로 도항증명을 받아 출발항에서 한 사람 한 사람 검사하는, 그때까지의 개별 도항의 어려움이 크게 줄어들었다.

'모집'에 의한 동원은 1942년 2월까지 계속되었다. 1942년 1월의 숫자는 무시하고 모집 시기의 동원을 검토하겠다. 표8의 1939년부터 1941년의 3년간의 통계를 참조하기 바란다.

동원 수는 내무성 통계에서 12만 6,000명이었다. 내지 도항자 총수는 107만 명이었다. 그 속에 동원의 비율은 겨우 11%, 약 1할에 지나지

표8 전시노무자 수와 내지 도항자 수 (단위: 명, %)

연도	전시노무자 (a)	내지 도항 (b)	내지 조선인 인구증가(c)	(a/b)*100	(a/c)*100
1939	-	316,424	161,713	-	-
1940	-	385,822	228,853	-	-
1941	-	368,416	278,786	-	-
소계	126,092	1,070,662	669,352	11	19
1942	122,429	361,673	155,824	34	34
1943	117,943	401,059	257,402	29	29
1944	185,210	403,737	54,387	46	46
1945	52,755	121,101	약63,000	44	84
소계	478,337	1,307,570	약530,000	37	90
계	604,429	2,378,232	약1,200,000	25	50

전시노무자 수와 내지 도항자 수는 내무성 통계에 의한다. 내지인 인구 증가는 내무성 통계로부터 계산. 1941년까지의 전시노무자에 대해서는 각 연도의 숫자가 불명. 1945년의 전시노무자 수는 1~3월. 1945년의 내지 도항자 수는 1~5월. 1945년 내지인 인구 증가는 1945년 8월 15일의 내지 조선인 인구를 모리타 씨가 추계한 200만 명으로 하여 계산한 숫자. 『數字が語る在日韓國·朝鮮人の歷史』에 수록되어 있는 내무성 통계를 사용하여 저자가 작성.

않는다. 바꾸어 말하면 94만 명이 동원계획의 바깥에서 개별적으로 도항했다는 것이다. 같은 시기, 귀환자도 다수 있었던 터라 도항자 숫자는 조선인 인구 증가보다 많았다.

내지 조선인 인구는 급증했다. 그림1에서 보았듯이, 1938년 80만 명이 1941년에는 147만 명으로 1.8배 증가하였다. 증가 수는 67만 명이다. 동원자 수의 조선인 인구 증가 수에 대한 비율은 19%, 약 2할이었다. 이 시기의 동원계획 수는 3년간 약 26만 명이었다. 달성률은 49%, 약 5할. 한편에서 95만 명이 계획 외로 도항했다.

동원을 가장하여
'부정도항'하는 자도

내지에서는 젊은 일손이 차츰 징병되어 노동력 부족이 심각했다. 육체노동의 임금이 상승했다. 한편 조선에서는 징병도 징용도 적용되지 않았다. 때문에 젊은 남성의 노동력이 상당히 많이 남아 있었다. 그들이 높은 임금을 찾아, 물이 높은 곳에서 낮은 곳으로 흐르듯이 일본 내지로 향했다. 즉, 3년간 107만 명 이상 일본으로의 도항자를 낳은 조건이었다.

거대한 사람의 흐름이 발생했던 것이다. 그 속에 전시동원으로 통제의 틀 내에 있었던 것은 겨우 13만 명이었다. 내지 도항 총수의 1할, 내지 조선인 인구 증가 수의 2할만이 동원에 의한 것이었다. 동원 이외의 거대한 돈벌이 이동의 흐름이 있었다.

그런 의미에서 '모집' 시기에는 조선인의 내지로의 도항을 군사산업에 우선적으로 배치하려고 한 동원계획은 성공하였다고 말하기 어렵다. 게다가 도항을 위한 방법으로 스스로 동원대상자가 되어 '부정도항'하는 자도 있었다. '부정도항의 수단'으로 '모집'에 참가하고 내지에 도착한 후 도망친 자들이다. 1939년의 단계에서 이미 다음과 같은 보고가 있었다.

> 응모를 내지 도항의 수단으로 삼는 자가 있다. 그들은 갱내직에 공포를 느끼는 자들처럼 도주하고 있다. (중략) 게다가 이주 조선인 중에는 타인의 대역이 되어 도래한 자도 있다.[58]

모집을 싫어하는 이유는 내무성 문서에도 나와 있듯이 많은 조선인 노동자들이 탄광이나 금속광산 등 지하 갱내에서 일하는 것을 싫어했기 때문이다. 그들은 대부분이 농민 출신이고 엄격한 규율 하에 지하에서 작업하게 되는 탄광, 광산을 싫어했을 것이다.

그리고 당시 내지에는 조선인 공사판 감독이 책임지고 관리하는 건설현장의 날품팔이 일이 어디에나 있었다. 시기가 좀 더 흐른 1945년 10월 현재, 내지의 노동자는 전시동원 노동자가 2만 2,500명인데 '자유노동자'가 14만 5,949명, 합계 16만 8,449명이라는 기록이 남아 있다. 여기에서 말하는 '자유노동자'란 동원 외 도항자, 동원으로부터의 도망

---

58 내무성 경보국 보안과(1939), 『募集ニ依ル朝鮮勞務者ノ狀況』, 朴慶植 編(1976), 『在日朝鮮人關係資料集成 第4卷』, 三一書房, 1219~1229쪽에 수록.

자 등을 의미하는 말로 당시에도 사용되고 있었던 용어이다. 전시동원한 1에 대해 자유노동자의 비율은 7이었다.[59]

'관알선', '징용' 시기에도
6할이 자유도항

다음으로 관알선과 징용의 시기인 1942년부터 1945년까지의 상황을 살펴보자.

1942년 2월부터 총독부의 행정기관이 전면에 나서는 '관알선' 방식이 시작되었다. 앞에서 본 것처럼 모집 시기에 전시동원 외에 거대한 노동력이 내지로 유입되는 상황을 바꾸려고 했던 정책이었다고 생각된다. 통제를 보다 강화하여 전쟁 수행에 필요한 부문에 우선적으로 조선인을 보내려고 했던 것이다.

탄광과 금속광산, 그리고 토건, 군수공장 등의 사업주가 총독에게 필요로 하는 인원을 신청하고, 총독부가 '도', 그 밑의 행정단위인 '부', '군', '면'까지 할당하여 동원했다. 모집 포스터를 도나 군, 면사무소에 붙여 적극으로 희망자를 모집했는데, 관리나 경찰, 지역 유지가 동원돼 활동했다.

1944년 9월부터 법적 강제력이 있는 '징용'이 조선에서도 시작되었다. 1945년 3월 말에는 조선과 내지 간의 연락선이 거의 결항하게 되고

---

59 野木崇行(1947),『華鮮勞務對策委員會活動記錄』, 일본건설공업회, 朴慶植 編(1981),『朝鮮問題資料叢書 別卷第1輯』, アジア問題研究所.

전시동원은 사실상 중단되었다. 1944년 4월 19일 차관회의에서 "반도인 신규 노무자를 내지로 불러오는 것은 특수 사정이 있는 경우를 제외하고, 원칙적으로 당분간 보류할 것"이라는 항목을 포함한 '내지·대륙간 인원 이동 지도 조정에 관한 건內地大陸間人員移動指導調整に關する件'이 결정되고, 4월 19일 각의에서 보고되었다(『숫자』, 68쪽).

'관알선'과 '징용' 시기의 동원에서는 일부 난폭한 방법도 있었던 것 같다. 그러나 이상에서 살펴본 대로 생각하면, 도항하기 싫은 자를 억지로 데리고 온 것은 상대적으로 소수에 불과하다. 대부분은 전시동원 이외의 형태로 개별적으로 도항했던, 돈벌이 노동자를 전쟁 수행에 불가결한 탄광 등 인기가 별로 없는 직장으로 보내려고 한 것이라고도 추정할 수 있다. 이에 대해 이후 계속 연구하고자 한다.

표9의 숫자를 검토하자. 동원 수는 내무성 통계로 1945년 3월까지의 숫자가 48만 명이었다. 내지 도항 총수는 131만 명이었다. 동원의 비율은 37%, 4할에 가깝지만, 그래도 83만 명이 동원계획 바깥에서 개별적으로 도항한 것이다. 이 시기에 전황이 악화되어 많은 사람들이 귀환했기 때문에 동원자 수와 인구 증가 사이에는 큰 차이가 없다.

이 시기에도 내지 조선인 인구는 계속 증가했다. 1941년 말, 147만 명에서 1945년 8월에는 200만 명, 1.4배로 증가했다(그림1). 증가된 수는 약 53만 명. 인구 증가에 대한 동원자 수의 비율은 90%다. 후생성 통계로는 거의 100%가 된다.

이 시기의 동원계획 수는 4년 합계로 약 65만 2,000명이었다. 달성률은 74%, 약 4분의 3까지 올라갔다.

4할이 동원처로부터 도망

이 시기는 전시동원과 인구 증가가 거의 일치했다. 자연 증가가 매년 수만 명은 있을 것이므로 그 수만큼 도항자보다 귀환자가 많았다고 할 수 있다. 이 4년간에 통제 하의 동원이 성공하였는지 살펴보자. 모집 시기의 3년간과 좋은 대조를 이루고 있다.

그러나 실은 이 시기에 있어서도 전시동원은 계획대로 진행되지 못했다. 관알선으로 취로한 자 중 많은 사람들이 계약 기간 중에 도주를 하여 '자유노동자'가 되어 공사현장의 날품팔이 등으로 전직해 버렸다. 게다가 2년의 계약 기간이 종료한 자들 중 다수가 사업주와 달리 재계약에 응하지 않았다.

1945년 3월 말 기준으로 사업장에 있는 사람들의 수, 즉 전시동원된 사업소에서 일하고 있는 수는 28만 8,488명이다(표9). 이를 후생성 통계인 1945년 8월 15일 현재 사업현장에 동원되어 있던 사람들의 수 32만 2,890명과 비교하면, 전자가 너무 적다는 인상을 받지만, 양쪽 모두 모리타가 『숫자』에서 사용하고 있는 숫자이므로 여기에서도 그 두 개를 모두 사용한다.

전시동원자의 합계가 58만 7,526명, 도망자가 37%인 22만 2,225명에 달하고 있다. 그 외에 기간 만료 귀환자 5만 2,108명, 불량 송환자 1만 5,801명, 기타 8,904명으로 되어 있다. 덧붙여 말하면, 내무성 통계와는 큰 차이가 있다. 경향을 알기 위해 후생성 통계를 사용하여 논의를 진행한다.

요컨대 동원자 총수 59만 명 내, 1945년 3월 시점에서 절반에 가까

표9 1945년 3월 말 현재 전시노무자 상황 (단위: 명)

분류	인원
사업장 현존 노무자 수	288,488
도망자	222,225
기간 만료 귀환자	52,108
불량 송환자	15,801
기타	8,904
계	587,526

사업장 현존 노무자 수는 1945년 3월 말 현재의 수치. 나머지는 그 시점까지의 합계이다. 후생성 통계에 의한다. 森田芳夫(1996), 『數字が語る在日韓國·朝鮮人の歷史』, 175쪽 표를 가공했다.

운 30만 명이 동원처로부터 이탈하였다는 것이다. 구속력이 약했다는 것이 여기에서도 나타나고 있다. 그리고 놀랍게도 30만 명 내, 기간 만료 귀환자는 5만 2,108명으로 17%밖에 되지 않는다. 계약 기간 중에 도망친 자는 22만 2,225명, 동원처로부터 일탈한 자의 74%나 된다. 또 동원처에 있었던 자와 합산하여 1945년 3월 말 현재의 동원 총수로부터 계산하면, 도망자는 38%라는 놀라운 비율이 된다. 그들 다수가 '자유노동자'가 되어 내지의 대우가 더 좋은 직장으로 옮겨 돈벌이를 계속했던 것이다.

평균 4할에 가까운 사람들이 도망쳤다. 이에 대해 종종 다코베야[60]와 같은, 가혹한 대우 하에서 엄혹한 노동을 시켰기 때문이라는 설명이 등장한다. 그러나 많은 도망자는 조선으로 돌아가지 않고 다른 직장에서 일을 했다. 전술한 것처럼, 전시동원자로 행세하여 내지로 도항하고 곧 도망쳐 브로커가 미리 권유한 다른 직장으로 옮기는 사람조차 있었다.

---

60 주 54번 참조.

도망을 막기 위해 모은 노동자들을 50~200명의 '대隊'로 편성하여 대장, 기타 간부 등을 정한 다음 통제하고, 단체로 인솔하여 도항하게 했다. '대' 편성은 탄광 등에 취업한 후에도 유지되었고, 각종 훈련이 실시되었다.

그러나 실상을 보면, 동원처인 탄광에서 일할 의사가 없는 자, 즉 도항의 수단으로 '관알선'을 이용하고 일본에 도착하면 틈을 봐서 도망칠 생각을 하고 있는 자가 60%였다는 놀랄만한 조사 결과도 남아 있다. 노동과학연구소에 의해 이루어진 이 조사는 1942년 1월 상순부터 2주간 후쿠오카福岡현 치쿠호筑豊 탄전에서 실시되었다. 그 퇴직 사정 항목을 소개한다.[61]

게다가 인용문 처음에 "쇼와 14년(1939년: 역자) 10월의 이주 반도인 도항 허가"라는 표현이 있다. 이 표현대로라면 당시 1939년부터 시작된 '모집'을 그때까지 제한적이었던 조선인의 내지 취로를 위한 도항이 그제야 허가된 것으로 이해하고 있었다는 것도 알 수 있다.

> 쇼와 14년 10월의 이주 반도인 도항 허가 이래, 1941년까지 E탄광(조사 대상인 6개의 탄광 중 하나. 지방 재벌 운영. 이전부터 조선인 노동자를 받아들였다: 저자)에 이주 도항한 조선인은 약 3,000명이다. 이 중에서 1941년 말 재적률在籍率은 1,222명이고, 퇴직자는 1,778명, 즉 퇴직률은 59.26%에 달한다. 또 제1차 이주 도항자는 96명인데, 계약 기간인 2년간 재적한 자는 36명뿐이다. 다른

---

61 労働科学研究所報告「炭礦における半島人勞務者」朴慶植 編(1946),『在日朝鮮人關係資料集成 第5卷』, 三一書房, 55~778쪽에 수록.

60명은 퇴직했다. 즉, 62.5%의 퇴직률이다. 이에 대해 조사 대상 탄광 노무 당국자와 의견을 교환한 바에 따르면, 다음과 같은 원인에 의한 것으로 추정된다.

(1) 편승 도항자가 많다(60% 정도는 그렇다고 추정되고 있다). 이들이 도항의 수단으로 광산에 와서는 얼마 지나지 않아 퇴직에 이른다. 즉, 현재 반도로부터 내지로 돈벌이하러 오기 위해 이주에 응모하여 도항하는 것이다. 이 결과 내지 탄광에서 돈벌이할 의사가 없는 자도 도항 비용을 회사가 부담하는 '관비관허官費官許 여행'을 이용하는 자가 많다. 이것이 퇴직률이 높은 가장 유력한 원인으로 지목되고 있다. 이것은 조사한 탄광당국 전부에서 확인된다.

(2) 소위 '유혹'이 많다는 점. 사람 모집을 업으로 하는 자의 인력 빼가기가 극심하다. 이것은 소위 유혹에 이용되는 노무자 측에 대한 사용자 측의 대비 부족과 탄광의 노무자 채용 방식이 구식이라는 것. 특히 이주 허가에 대한 수요가 단지 탄갱과 토건산업에만 한정되지 않으며, 또는 이들 사업 내부의 수요가 왕성함에도 불구하고 현실에서 허가가 할당될 때 허가 할당이 중점적으로 이루어지고, 허가에서 탈락하는 사업장이나 수요와 허가 사이에 커다란 격차가 있는 사업장이 많은 결과이다. 이들 극심한 수요를 갖는 사업장이 도항을 완료한 노동자를 마치 하나의 '노동 공급원'처럼 간주하여 이들에게 공작을 한 것으로 알고 있다. 그렇게 이 '유혹'이 설명되고 있다.

이 조사는 '관알선'이 막 시작되었을 시기로 관알선이 3년째로 들어선

1944년 1월에도 같은 취지의 보고가 전문잡지『사회정책시보社會政策時報』에 게재되었다.[62]

거기에서 오노 데츠시로 씨는 도망의 원인으로 다음 7개의 이유를 들고 있다. (1)외부로부터의 유혹 (2)당초부터 도주를 예정 (3)갱내 작업 혐오 (4)임금 불만 (5)식량 부족 (6)규율 생활 혐오 (7)관알선의 무리한 동원.

오노 씨는 그 속에서 (1)을 "도주자의 반수는 이에 의한다"고 단정하고, "세상에서 반도인 노무자 한 사람이 갖는 노동시장에서의 가치는 30엔에서 50엔이라고 공공연히 말하고 있다"고 기록하였다. 브로커가 동원노동자를 빼가서 30엔에서 50엔을 받았다는 것이다. 그 정도로 수요가 많았다.

1944년 9월, 전황이 악화되고, 공습 위험이 있는 내지로의 도항 희망자가 감소하는 가운데 조선에서는 1941년부터 군속에 한하여 적용되고 있었던 국민징용령이 전면적으로 발령되었다. 또 이미 내지에 도항하여 동원현장에 있던 노동자들에게도 그 사업장에서 징용령이 적용되어 어떡하든 도망을 막고자 했다.

그러나 종전 당시, 동원현장에 있었던 자는 동원 수의 절반 이하인 32만 명으로 보고되었다. 법적 강제력을 가진 국민징용령도 그렇게 효과를 거두지 못했다. 결국 '관알선'과 '징용'이라는 강제력이 강한 동원이 실시되었던 이 시기에도 도항 후 4할 가까이가 도망을 갔다. 그러니

---

62 小野哲四郎(1944),「炭坑における勞動事情」,『社會政策時報 第280號』, 協助會.

거대한 돈벌이 노동자들의 흐름을 탄광 등으로 향하도록 하려는 동원 계획은 사실상 실패했다고 말할 수 있다.

'관알선'과 '징용'의 내역을 나타내는 통계는 하나뿐이다.[63] 단, 조선 총독부의 통계이고 사할린과 남양군도로의 동원도 포함한 것으로 보인다. 그 속에서 우선 '관알선'에 의한 내지로의 동원을 보면, 1942년 11만 5,815명, 1943년 12만 5,955명, 1944년 8만 5,243명, 합계 32만 7,013명이다. '관알선'에서 내지로의 동원은 약 33만 명이었다.

'징용'은 1941년 4,895명, 1942년 3,871명, 1943년 2,341명, 1944년에 급증하여 20만 1,189명, 1945년 9,786명이었다. 조선에서 '징용'은 1941년부터 군속으로의 동원과 1944년 9월부터 노동동원의 2종이 있었다. 앞에서 본 1941년과 1942년의 통계는 전자였다. 그 합계는 8,766명이다. 또 1944년과 1945년의 통계 속에도 전자가 포함되어 있다. 노동동원만의 통계는 없다. 양자를 합친 1944년과 1445년의 합계 21만 975명 속에서 많이 잡아 1만 명 정도가 군속이라고 하면, '징용'에 의한 내지로의 노무동원은 약 20만 명으로 보인다.

같은 조선총독부 통계에서 모집은 16만 9,664명이다. 송출 측의 통계에서는 '모집' 17만 명, '관알선' 33만 명, '징용' 20만 명. 여기에서 논의해 온 표8의 내무성 통계와 간단히 비교할 수는 없지만 '관알선'과 '징용'의 비교는 3:2였다고 말할 수 있다. 같은 자료로부터 동원처의 산업을 보면, 석탄광산 47%, 금속광산 9%, 토건 15%, 공장 기타 28%였다.

---

63 大藏省管理局, 『日本人の海外活動に關する歷史的調査』 通卷 第10冊 第9分冊 「第2章 戰爭と朝鮮統治」.

동원계획은 실패

지금까지 다양한 통계 숫자를 사용하여 1939년부터 1945년 8월까지 실시된 조선인 내지 이송계획의 실태가 '강제연행'과 '노예노동'이 아니었다는 점을 논증했다. 마지막으로 1945년 8월 시점의 상황을 밝혀두는 것으로 한다.

동원계획기간 중 일본 내의 조선인 인구는 80만 명에서 200만 명으로 증가한다. 이 증가분 120만 명 중에서 32만 명이 종전 시점의 전시노동자이다. 그 외 내지에는 11만 명의 군인·군속으로 동원된 조선인이 있었다. 이 이외의 77만 명은 동원계획의 바깥, 즉 자유의사에 따라 내지에서 살게 된 자와 그 가족이다. 거기에는 '모집', '관알선', '징용'으로 도일 한 후 계약 기간 중 도주했다든가, 계약 완료 후 재계약에 응하지 않고 조선으로 돌아가지도 않은 채 그대로 내지에 눌러앉은 사람들도 상당수 포함된다.

통계로 본 조선인 전시동원의 실태를 정리하여 보자.

1939년부터 1945년까지 실행된 조선 노동자의 전시동원 본질은 개별 돈벌이를 위해 건설현장 등에서 일하려고 눈사태처럼 밀려드는 많은 사람들의 흐름을 통제하여 비교적 인기가 없었지만 전쟁 수행을 위해 필요한 탄광, 금속광산 등으로 동원하려는 정책이었다. 그러나 통제는 잘 되지 않았다.

1. '조선인내지이송계획'은 그대로 내버려둬도 조선으로부터 거대한 사람들의 흐름이 내지로 향하는 상황에서 전쟁 수행에 필요한 산업으로 조선의 노동력을 효율적으로 이송하려는 정책이었다.

2. 전기前期, 1939년부터 1941년까지 '모집' 시기에 동원자는 13만 명이었다. 도항자 총수는 107만 명, 내지 조선인 인구 증가 수는 67만 명이었다. 모집은 도항자 총수의 1할, 내지 인구 증가의 2할에 지나지 않았다. 또 약 2만 명의 부정도항자를 조선으로 송환하였다. 다수의 조선인은 계획 바깥에서 돈벌이를 위해 계속 이주하였고, 동원계획은 실패하였다.

3. 후기後期, 1942년부터 1945년까지의 '관알선'과 '징용'의 시기에 동원자는 48만 명으로 이전에 비해 급증했다. 도항자 총수는 131만 명, 내지 인구 증가는 53만 명이었다. '관알선'과 '징용'에 의한 동원은 도항자 총수의 4할, 내지 인구 증가의 9할까지 상승했다. 이 시기의 동원계획 수는 4년 합계 65만 명으로 달성률은 74%, 약 4분의 3까지 올라갔다. 그러나 많은 수의 도망자가 나왔기 때문에 종전終戰 시점에 동원처에 있었던 것은 32만 명뿐이었다. 평균적으로 4할이 동원현장으로부터 도망하여 동원계획과는 다른 직장에서 일하는 돈벌이 이주자가 되었다. 역시 계획은 순조롭게 진행되지 않았다.

4. 조선의 노동력을 전쟁 수행에 필요한 산업에 효율적으로 이송하려는 전시동원계획은 그 계획과는 관계없이 자신들이 바라는 직장에서 일하고 싶어 했던 많은 조선인 노동자의 돈벌이 이주 때문에 성공하지 못했다. 이것이 실태다.

5. 징용 시기, 노동자를 받아들이는 공장에서는 물자가 부족한 가운데도 가능한 한 좋은 의식주 환경을 준비했다. 일본인은 전쟁을 자신들의 일로 인식하였다. 조선인은 그러한 당사자 의식이 희박했다.

6. 평화로운 농촌으로부터 싫다는 청년을 억지로 끌고 가서 노예처럼 혹사시켰다는 '강제연행', '노예노동' 이미지는 사실이 아니다. 첫째로 조선인 노동자는 일반적으로 내지에서 일하고 싶어 했다. 억지로 연행한 것이 아니다. 둘째로 그들 다수는 일본 정부의 전쟁 수행을 위한 통제에 따르지 않고 원하는 대로 취로했다.

7. 사실에 반하는 '강제연행', '노예노동' 프로파간다는 1970년대 이후 일본에서 먼저 만들어졌으며, 그것이 한국으로 확산되었다.

8
장

전시노동의 실태 2
- 전시노동자 수기로 본 실태

징용공의 수기 검토에 의해 다음과 같은 점이 명백하게 되었다.

징용의 시기, 조선인을 받아들인 공장에서는 물자가 부족한 가운데서도 가능한 한 좋은 의식주 환경을 준비했다. 일본인은 전쟁을 자신들의 일로 의식하고 있었지만 조선인에게는 그러한 당사자 의식이 희박했다. 평화로운 농촌에서 싫다는 청년을 억지로 데리고 와서 노예처럼 혹사시켰다고 하는 '강제연행'의 이미지는 사실이 아니다.

첫째, 조선인 노동자는 내지에서 일하고 싶었다. 억지로 연행한 것이 아니다.

둘째, 그들 중 많은 사람들은 일본 정부의 전쟁 수행을 위한 통제에 따르지 않고 마음대로 취로했다.

사실에 반하는 '강제연행', '노예노동' 선전은 1970년대 이후 일본에서 먼저 만들어졌고, 그것이 한국으로 확산되었다. 선입관을 배제한 실증 연구가 요구되고 있다.

2개의 조선인
징용노동자의 수기

        앞장에서는 통계 숫자를 사용하여 조선인 전시노동 실태에 대해 고찰했다. 이어서 징용으로 동원된 노동자 수기를 사용하여 실제 생활에 관하여 서술해 보겠다. 지금 내 손에 2개의 조선인 징용노동자 수기가 있다. 여기에서 굳이 '징용노동자'라고 쓴 것은 2개 수기의 작자가 모두 '징용'에 의해 일본으로 간 '징용노동자'이기 때문이다.

  첫 번째는 1944년 12월, 히로시마廣島현, 히로시마시의 도요東洋공업에 징용된 정충해鄭忠海 씨가 당시 기록한 일기를 기초로 1970년에 자가판自家版 손 글씨로 정리한 것이다. 이것을 이노시타 하루코井下春子 씨가 일본어로 번역하여 『조선인 징용공의 수기朝鮮人徵用工の手記』(카와이슈판河合出版, 1990)로 일본에서 출판하였다. 한국에서는 출판되지 않았다.

  두 번째는 1945년 3월 오사카부大阪府 미나미코치군南河內郡(현재의 미나미카와나가시南河內郡), 나가노정長野町의 요도시카단츄테츠吉年可鍛鑄鐵 공장에 징용된 가네야마 쇼엔金山正捐(창씨개명 이름) 씨가 그해 7월에 도망쳐 도쿄의 함바[64]에서 '자유노동자'로 일하다가 9월에 다시 나가노정으로 돌아와 경찰의 취조를 받고 조서로서 쓴 수기이다.

  1945년 9월 18일자로 나가노정 경찰서로부터 오사카 심찰국장, 치안부장, 특고 제2과 과장 앞으로 낸 '도망한 집단이입 반도 징용노동자

---

64 역자 주: 飯場, 토목공사나 광산 등의 현장에 있는 노무자 합숙소.

의 제 행동에 관한 건逃亡ㅆㄹ集團移入半島徵用工ノ諸行動ニ關スル件'이라는 제목의 공문서 속에 있고, 박경식 편 「재일조선인관계자료집성 제5권」, 『在日朝鮮人關係資料集成 第5卷』(산이치쇼보三一書房, 1976)에 수록되어 있다.

2개 모두 당시 조선인 징용노동자의 모습을 잘 보여 주는 자료이므로 조금 상세하게 인용하고 싶다. 『조선인 징용공의 수기』를 『수기』라고 하고, 『재일조선인관계자료집성 제5권』을 『자료』라고 하며, 괄호 안에 쪽수를 기입했다.

히로시마시의 도요공업에
징용된 정 씨의 수기

정충해 씨의 수기부터 소개하겠다. 우선 징용공이 어떻게 일본으로 가는가를 보도록 한다.

1944년 11월말 경이었다. 평온했던 내 가정에 일대 파문이 일었다. 내게도 갑자기 징용영장이 왔다. 어쩌면 하고 걱정은 했었지만, 눈앞에 영장을 받고 나니 멍했다. 출동하는 날은 12월 8일. 일본인이 말하는 대소봉대일大詔奉戴日, 하와이 진주만 기습 공격을 기념하는 날이다. 이번에 나온 것은 제3차 징용영장이었다. 기간은 1년. 징용영장을 받으면 거절할 수는 없다. 나도 출동 준비를 해야 했다. 근무하고 있던 공장의 사무 정리와 집안일로 분주했다(『수기』, 10쪽).

12월 8일, 그 날 아침은 아주 추웠다. 영하 19도까지 내려갔다. 지금 일본 본토에서는 공습이 시작되었다. 그것은 초토화 작전이라고 한다. 그렇다면 우리가 가는 곳은 어디가 될까? 일본 본토 어디의 공장, 또는 탄광일까? 일부러 폭격을 받으러 가는 것 같고, 죽을 장소를 찾아 가는 것만 같다. 나는 영등포에 있는 후쿠모토福本 콘크리트공업소에서 1939년 6월, 21살이 된 해부터 만 5년간 근무해 왔다. 2년 전에 결혼하여 평온히 살고 있고, 3살 된 장남 동승東勝과 생후 6개월의 딸 징지澄枝가 있다. 가까운 곳에 숙모 일가가 있다고는 해도, 고향을 떠난 곳에서 남편을 의지하고 살아온 아내가 나를 어딘지도 알 수 없는 땅에 보낸 후 어떻게 살아갈지 걱정돼 암담한 기분이었다. 살아서 다시 만날 가망은 희박했다. 가족들과 이별의 시간은 시시각각 가까워졌다. 마침내 낡은 옷을 넣은 륙색을 등에 지고 트렁크를 들고, 무거운 발을 끌며, 뒤를 돌아보면서 이별의 말을 하는 둥 마는 둥, 집합 장소인 영등포 구청 앞 광장으로 향했다.

징용자의 점호가 끝나자 일동은 대오를 지어 시내의 조선호텔 옆, 상공회의소 앞에 모였다. 각지에서 동원돼 온 사람들과 함께 장행회壯行會를 가졌다.

서울 시내 여인숙에서 1박을 하고 다음 날 아침, 서울역에서 기차로 출발했다. 도중 영등포역에서 아내와 직장 동료의 배웅을 받았다. 차안에서는 징용공들이 불안을 달래느라 몹시 시끄러웠다(같은 책 10쪽, 11쪽).

오랜 기차여행을 즐기고 일본까지 관광 여행이라도 한다는 기분이 되어 (중략) 각인각색으로 떠들기 시작하여, 마침내는 야단법석이 되고 말았다(같은 책 14쪽).

(12월 11일: 저자. 이하 동일) 아침 일찍 부산항 제1부두에 집합했다. 정렬한 징용자들은 일본에서 온 각 공장, 기타 인수 책임자에게 인계되는 것 같았다. 여기까지 우리들을 인솔해 온 각 구청 노무과 직원들은 일본에서 온 각 공장, 기타 인수 책임자에게 우리를 무사히 인계하면 책임이 끝나는 것이다 (같은 책 15쪽).

부산까지의 인솔은 조선총독부 각 구청 노동과 직원이 했다. 부산에서 어디로 배치되는지 알게 되고 일본으로부터 온 각 공장 등의 인솔 책임자에게 인계된다. 미국의 공습이 격렬한 곳이나 위험이 큰 탄광에 가기 싫다고 불안이 심해진다.

지금부터 어디에서 무엇을 하는지 모르는 곳으로 나를 데려가려고 한다. 단지 홋카이도北海島 탄광에만은 가지 않기를 바랄뿐이다. 소문에 따르면 탄광에서는 사상자가 많이 나오고 있다고 한다. 지금이 나의 생사의 갈림길이 될 중대한 때인 것이다.
이미 일본 본토에서는 아메리카 비행기의 내습이 시작되었다. 수도 도쿄도 공습을 받고 있는 상태라고 한다. 우리는 일본 본토에서 아메리카 비행기의 공격을 만나러 가는 것인가, 그렇지 않으면 위험한 탄광에 가는 것인가. 무엇이 되었건 운명에 몸을 맡기는 숨 막히는 때가 시시각각 가까워지고 있었다.
곧 각 회사별로 인수인계가 끝났다. 영등포 출신인 우리들은 히로시마廣道에 있는 도요東洋공업주식회사에 할당되었다. 무슨 일을 하는 회사인지는 모르지만, 공장인 것은 틀림없을 것이다. 가장 무서워하고 있던 탄광이 아니었기 때문에 우선은 "휴우!"하고 안도의 숨을 쉬었다(같은 책 15~16쪽).

우리 영등포 출신자 일동은 '도요공업'이라고 쓰인 깃발 아래 모여 정렬했다. 도요공업의 인솔자는 키가 좀 큰 50살 전후의 사람으로 '노구치野口'라고 했다. 나는 노구치 씨에 의해 히로시마 회사까지의 인솔자로 뽑혔다. 즉, 중대장 역할을 했다.
이 도요공업으로 가는 사람들은 서울 각 구에서 동원되어 온 200명이다(같은 책 16쪽).

12월 11일 오전 8시경 우리 일동은 부두에 대기하고 있던 연락선에 승선하기 시작했다. 연락선 '곤코마루金剛丸'는 실로 거대한 배였다. (중략)
배에 올라탄 사람들은 앞 다투어 상갑판으로 올라갔다. 그들은 이다음, 언제 다시 부산항을 볼 수 있을지, 어쩌면 영원히 돌아올 수 없는 몸이 될지도 모른다는 생각에 최후의 고향 산하, 눈앞에 펼쳐진 부산항을 응시했다. 어떤 사람은 눈물을 흘렸고, 또 다른 어떤 사람은 팔이 떨어질 만큼 손수건을 흔들면서 "잘 있어라, 부산항아. 꼭 다시 한번 보고 싶다. 다시 돌아올 때까지, 변하지 않은 모습으로 있어줘"를 계속해서 소리치곤 했다.
이때, 눈물을 흘리지 않은 조선인은 한 사람도 없었을 것이다. 이것이야말로 단장斷腸의 이별이었다.
<u>내가 우리 조국, 우리 민족을 위해 싸우러, 일하러 가는 것이라면 체념할 수도 있을 것이다. 하지만 남의 나라와 남의 민족을 위해 강제적으로 동원되</u>

<u>어 가는 몸인 이상, 약소민족의 비애.</u> 언제부턴가 선상에는 차가운 비가 촉촉이 내리기 시작했다. 그렇지 않아도 쓸쓸한 유랑의 마음을 더욱 어지럽게 만들었다(밑줄은 저자, 이하도 같음, 같은 책 17쪽).

1944년 9월부터 '징용령'이 조선에서도 시행되었다. 덧붙여 말하면 조선인에 대한 징병의 실시는 같은 해 1월부터다.

이상에서 알 수 있는 것처럼, 징용이라는 강제력을 수반하는 동원이 관계된 경우, "징용령을 받으면 거절할 수 없다"는 강제성에 대한 단념의 인식이 있었다. 한편 공습이 격렬한 내지로 가는 것에 대한 불안과 밑줄 부분에서 표현되고 있는 것처럼 이 전쟁은 일본 민족을 위한 것이며, 자신들 조선 민족을 위한 것이 아니라는 의식도 있어서 가능하면 가고 싶지 않다는 내심의 생각이 있었다.

단, 당시 조선인들이 갖고 있었던 전쟁에 대한 생각은 상당한 차이가 있었다. 정 씨의 수기 속에서도 해외에서 전개되고 있는 조선독립운동에 공감하고 있었던 동료 징용노동자가 등장한다. 함께 도요공업에 징용되었던 경성시 종로 출신의 장 모 씨에 관해 다음과 같이 기술한다.

당시 여기에 온 우리 동료들 중에는 태극기를 모르는 자도 있었다. 그러나 어떤 사람은 태극기는 물론, 멀리 아메리카에서는 이승만 박사가, 그리고 중국 충칭에서는 김구 선생 등 애국·우국지사들이 대한독립을 위해 이전부터 심혈을 기울여 일제와 독립투쟁을 하고 있다는 것을 알고 있었다. 그는 많은 동지들에게 암암리에 그 사실을 구전口傳했다. 이 제2기숙사에 있는 사람들은 그것을 거의 모두 알게 되었다. 8월 6일 원폭투하 이후, 극비리에 태극기를 만들어(일장기를 변조) 깊이 감추고 있었던 사람도 있었다.

제1중대 제3소대의 장 모(종로 출신)라는 사람이 있었다. (중략) 그는 히로시마에 온 후에도 공장에 나가는 일이 없었다. 언제나 병을 칭하고 숙사에 틀어박혀 있어서 사감들로부터 미움을 받았다. 이 사람이야말로 당시 말하던 사상가였던 것 같다. 장 모 씨는 당시로는 희귀한 단파 라디오를 갖고 있었다. 극비리에 미국 방송을 듣고는 때때로 중대한 뉴스를 몰래 우리에게 전해 주곤 했다(『수기』, 154~155쪽).

징용으로 동원되었어도 병을 핑계대면 하루 정도는 공장에 나가지 않는 것이 허용되었다는 것, 또 그와 같은 문제 인물이 단파 라디오를 몰래 듣고 있었는데 적발되지 않았던 점 등을 보면 당시 징용자의 감시와 통제가 상상 이상으로 느슨했다는 것을 알 수 있다.

한편 다른 증언집, 이토 다카시伊藤孝司의 『사진 기록 사할린의 버림받은 국민寫眞記錄 樺太棄民』(호루푸출판ほるぷ出版, 1991)에 등장하는 조선인 권희진權熙眞 씨는 당시 징용을 "천황폐하의 적자赤子로서 명예이며 국민의 의무"라고 생각했다며 아래와 같이 회상했다. 권 씨는 1944년 11월, 징용노동자로 사할린에 동원되었다.

출두 명령이 문서로 오고, (중략) 신체검사를 위해 대구의 공회당에 300명이 모였습니다. (중략) 그중에서 115명을 남기고, 다른 사람들은 돌아갔습니다. 그런데 11월 11일 출발 일에 115명이었던 사람들이 85명밖에 없었습니다. 말하자면 나머지는 모두 도망가 버렸던 것입니다.

그때쯤 나는 '징용'으로 가는 것은 "천황폐하의 적자로서 명예이며 국민의 의무"라 여기며 어쩔 수 없는 일이라 생각했습니다(『사진 기록 사할린의 버림받은 국민』, 35쪽).

징용자를 맞이하는 것에
신경을 쓴 회사

정 씨의 수기로 돌아가 히로시마 징용 노동자들의 생활환경에 대해 살펴보겠다. 우선 주거.

해안에 새로운 목조 2층 건물이 있었다. 거기가 지금부터 우리가 잠을 자게 될 기숙사로 조선 응징사應徵士[65]들을 맞이하기 위해 새로 지은 제2기숙사라고 한다. 새 건물이어서 조금은 안심이 되었다.

할당된 방에 들어간 우리는 먼저 여장을 풀었다. 나는 2층 방을 사용하게 되었다. 실내를 돌아보면 다다미 20매를[66] 깐 넓은 방으로 새로 만든 비단 같은 청결한 침구 10인용이 정확히 정돈되어 있었다. 한쪽에는 이불과 사물을 넣는 벽장이 상하 2단으로 되어 있었다(약 10평 방). 누워 있던 누군가가 "이 정도면 결혼 준비는 그런 대로인데, 신랑(일의 내용)이 어떨지 알아야

---

65 역자 주: 응징사란 징용되어 일할 곳에 도착한 사람을 이르는 말이다.
66 역자 주: 다다미 1매는 대개 너비 90cm, 길이 180cm이다.

지, 하하하"하며 웃었다.

의식주 세 가지 문제 가운데서 주(住)에 대해서는 그런 대로 괜찮다(『수기』, 21~22쪽).

20첩(疊)인 다다미방에서 10사람, 한 사람당 조금 두꺼운 요와 이불이 두 매씩, 비단 같은 침구로 우리를 위해 새로 만든 것 같다. 이 정도면 다다미방에서도 춥지 않게 지낼 수 있을 것 같다. <u>회사 측에서는 우리 조선반도 출신 응징사를 맞이하기 위해 이런저런 신경을 쓴 것 같다.</u> 당연하다. 우리는 다른 사람 집의 중요한 자식이고 사랑하는 남편이며, 부친이 아닌가! 그런 중요한 사람을 징용으로 데리고 와서 일을 시키려고 하는 것이니까(『수기』, 26~27쪽).

새로운 기숙사에 1인당 2첩의 큰 방, 새로운 침구가 준비되어 있었다. "그런 대로(?)"에 그치지 않고, 전시 중으로서는 상당한 혜택을 받은 주거환경이라고 말할 수 있을 것 같다. 식생활은 어떠했는가?

밝은 식당에는 큰 식탁이 나란히 놓여 있었다. 새로 만들어진 것 같다. 식당 홀 앞의 주방에서는 혼기의 처녀들이 하얀 에이프런을 두르고 식사 준비에 분주했다.
식탁에 앉으면 각자 앞에 밥과 반찬을 담을 그릇 두 개가 놓여 있는데 거기에다 각자의 식사를 나누어 주었다. 밥과 반찬은 생각과 달리 충분하고 입에 맞았다. (중략)

어쨌든 자는 것과 먹는 것은 안심이 되었다. 배가 고팠는데, 따뜻하고 맛있는 밥을 배불리 먹게 되어 다시 살아난 것 같았다(『수기』, 23쪽).

밥은 콩이 섞인 쌀밥이고 반찬은 나물과 구운 고기로 입에 맞았다(나중에 알았는데, 고기는 말고기라고 한다). 전시 중 일본에서는 말고기를 잘 먹었다고 한다. 식사량도 나에게는 적당했다. 언제나 이런 대우라면 달리 불만은 없을 것이다(『수기』, 27~28쪽).

1944년 12월부터 다음 해 1945년 여름까지 식량난이 심각했던 점을 감안하면 그곳의 식생활은 상당히 좋은 대우였다고 할 수 있을 것이다. 식당의 식사 이외에 상당한 식량을 가까운 곳에 외출하여 조달할 수도 있었다. 또 월급 140엔은 높은 급료였다. 당시 순사의 초임은 45엔, 상등병 이하 병사의 평균봉급은 월 10엔 이하였다. 저녁 식사 뒤에는 잔치를 열었다고 한다. 도박을 하는 자도 있었다.

많은 사람들이 모여 생활하다 보니, 이런저런 사람이 있었다. 어떤 사람은 귤이나 네이블오렌지를, 또 어떤 사람은 해삼이나 전복 등, 게다가 술까지 구해 와서 저녁 식사 후에 잔치를 열곤 했다. 이런 것들은 여기에 와 있는 사람들의 즐거움으로 유일한 위안이었다. (중략) 서울에서는 귤 같은 것은 배급 외에는 구할 수조차 없었다. 그런 귀한 귤을 여기에서는 귤 밭에 가면 얼마든지 살 수 있었다. 설사를 할 정도로 실컷 먹어보고 싶었던 것이라고 서로들 말했다. 게다가 무카이나다向洋(기숙사가 있었던 곳: 저자)와 강 하나를 사이에 둔 후사자키^{蓋崎}는 어촌으로 굴의 명산지라고 한다. 이 부근에는 굴 양식장이 많아서 여기저기에 굴 껍질이 수북이 쌓여 있었다. 때때로 식당에서 나오는 굴이 들어간 밥(굴밥)은 정말로 진미였다.

간조^{干潮}가 되면, 식당 뒤의 물가에서는 해삼이나 조개를 많이 잡을 수 있었다. 일손이 부족해 안 잡는 것인지, 해삼이나 조개 따위가 그 근처에 널브러져 있었다. 일과 후에 그런 것을 캐는 것도 재미있었지만, 그것을 삶든가 해서 술잔치를 하는 것은 각별했다.

식료품은 무엇이든 부족했지만, 여기에서는 이런저런 것을 먹을 수 있었다 (『수기』, 31~32쪽).

어디에 무엇이 있고, 어디에 누가 살고 있는지 알고 있어서 뭐든지 구해 와서 삶거나 굽든지 하여 술잔치나 굴 파티 등이 수시로 펼쳐졌다. 전쟁 중이라 눈에 띌 수 없는 물건이라도 기숙사 안에서는 드물지 않게 있었다. 그들은 어딘가 가서 구해 왔다. 또 많은 사람이 모인 곳에서 빠뜨릴 수 없는 것이 있다. 도박이다. 이쪽 모퉁이, 저쪽 모퉁이에서 화투 '육백'이나 '섰다'를 했다. 1개월, 2개월에 해당하는 급료를 모두 털렸다고 투덜대는 자도 적지 않았다(『수기』, 100쪽).

정 씨는 1945년 3월, 징용자들의 리더 5명과 함께 나라^{奈良}에 있는 서부 근로훈련소에서 1개월의 교육을 받았다. 그곳의 식량 사정은 극도로 나빠서 영양실조에 걸려 히로시마로 돌아왔다. 동행한 일본인 사원 1명도 같은 교육을 받았는데 그 역시 영양실조에 걸렸다. 그러니 조선인 징용자만이 가혹한 대우를 받았다고는 할 수 없다.

젊은 여공들에 둘러싸인
즐거운 공장 생활

다음으로 공장에서의 작업을 살펴보자. 도요공업에 도착하고 나서 1개월간은 연병장에서 훈련을 받았다. 그 후 1월 13일 입사식을 마쳤다. 정 씨는 99식 소총의 노리쇠를 만드는 제1공장에 배속되었다.

> 공장에 들어가면 먼저 출근해 있던 여공들이(여자정신대로 전국에서 근로 동원된 일본인 미혼여성들: 저자) 달려와 인사를 했다. 친절한 대접을 받았다. 그중에서도 나를 가르쳐 주는 기능공 격인 무라카미村上 씨는 기분 좋게 대해 주었다. 어쩔 수 없어 그 공장에 출근한 것이지만, 기분이 그다지 나쁘지 않았다. (중략)
>
> 내가 부속품을 깎아 게이지에 맞춰 보면 십중팔구는 불합격품이다. 그러나 무라카미 씨는 열심히 가르쳐 준다. 그녀의 얼굴에는 언제나 미소가 끊이지 않았다(『수기』, 48~49쪽).

조선인 징용공은 젊은 일본인 여성 '여자정신대'가 많은 직장에서 "지루하지 않았다"고 한다.

공장에서 일하는 남자들은 무기 생산에는 마음이 없다. 온통 여성들과의 연애다, 사랑이다 하는 것에만 마음을 빼앗기고 있는 것 같았다. 공장 내의 풍기는 말도 되지 않을 정도였다. 어느 공장이었던가 프레스를 조작하고 있던 백 모라는 사람이 작업 중 여성과 잡담을 하다가 자신의 손가락을 싹 둑 베어버린 일이 있었다. 그 백이라는 친구는 연애를 위해 손가락을 베어 버린 최초의 희생자가 되었다(『수기』, 48~49쪽).

엄격한 할당량을 채울 것을 강조한 것이 아니라 그 나름대로 즐거운 작업 환경과 기숙사 생활이었다는 것을 잘 알 수 있는 대목이다.

전쟁미망인과의 밀회

정 씨는 제2기숙사 직원인 어떤 20대 전반의 일본인 전쟁미망인 오카다岡田 씨에게서 열렬한 연모를 받아 애 인관계가 된다. 그 경위를 같은 책 속에서 특별히 "오카다 씨와의 일"이 라는 항목을 하나 두고 다음과 같이 회상하고 있다. 자기 미화도 들어 가 있겠지만, 당시 징용노동자의 일상을 아는 데 좋은 자료라고 생각하 여 중요한 부분을 그대로 인용해 둔다.

어느 날, 퇴근 후에 동향同鄕인 김재문 씨가 내가 있는 방을 찾아왔다.
김 씨는 "정말로 우리 머리 위로 폭탄이 떨어질 날도 멀지 않은 것 같네요. 실은 그래서 정형에게 말씀드릴 것이 있어서 왔습니다"하고 잠시 말하기 어려워하면서, "오늘은 정형의 중매쟁이를 한다는 심정으로 방문했습니다"를 말하면서 웃는 것이었다. 내가 의아해하며 "무슨 농담입니까?"하고 묻자 그가 여전히 웃으면서 "정형, 왜 시치미를 떼고 있는 겁니까?"하더니 "그러면 확실히 말합시다. 제가 정형과 오카다 씨의 중매를 하려는 것입니다"하며 웃는 것이었다. 나도 따라서 웃었다. "나는 처자가 있는 남자 아닙니까? 오카다 씨가 김재문 씨에게 무슨 말을 했나 보군요. 어쨌든 들어나 봅시다"하고 말을 하자 김재문은 진지한 얼굴로 다음과 같은 이야기를 하는 것이었다.

"오카다 씨는 나와 정형이 동향이고 친한 사이라는 것을 알고, 나를 찾아왔어요. 그러고는 자신의 일을 꼭 당신에게 전해 달라고 부탁하였습니다. 오카다 씨는 나에게 이렇게 말했습니다. "치야마智山 (창씨개명한 정 씨의 이름: 저자) 씨를 좋아하게 되었습니다. 하지만 일방적인 짝사랑을 하고 있는 것입니다. 지금까지 틈만 있으면 저쪽을 찾아가 이야기를 하고, 무언중에 마음을 전했습니다만, 오늘까지 아무런 반응이 없습니다. 여러분이 이곳에 온지 7개월이 지났습니다. 나는 반년 넘게 짝사랑을 하고 있어요. 물론 그는 처자가 있는 분입니다. 하지만 지금은 전시 중이 아닙니까. 타향 땅에서 한 시간 뒤의 생사나 운명조차 알 수 없는. (중략) 최근에는 더더욱 제정신이 아닙니다. 특히 공습 뒤에는 더더욱 그렇습니다. 안절부절못합니다. 다만 세상 체면을 생각하여 그분께 가까이 가지 못하는 것이지요."

김재문은 오카다 씨의 말을 내게 전하고는 다시 자신의 말을 이어갔다.

"이 숙사 안의 사정을 보고 있습니까? 오카다 씨를 주목하고 있는 사람들이 얼마나 많은지 모릅니다. 물론 정형의 마음을 모르는 바는 아닙니다. 그러나 성현도 풍속에는 따른다고 했습니다. 공습을 보셨죠? 무자비한 저 폭탄. 여기도 곧 폭격을 받을 것 아닙니까? 우리의 생사도 시간문제 아닌가 합니다. 꼭 산다는 보증도 없다는 말입니다. 정형, 왜 그렇게 소심합니까? 남자가 타국에 끌려와 사람의 도리에 어긋난다고 해서 무슨 큰 죄가 되겠습니까? 죽기 전에 다른 사람 소원 들어주고, 남은 생을 즐깁시다. 그리고 생사를 기다리면 되지요."

김재문 씨의 말도 일리는 있다고 생각했다. 우리는 이미 죽은 자와 한 패가 돼 있는 상황이다. 현실, 살아가자.

그는 중매 역할이 잘 되었다며 웃으면서 "오카다 씨에게 전해 주겠다"며 돌아갔다. 잠시 후, 그가 다시 돌아와 말을 전했다. 그녀에게 전하니 기뻐하며 "오늘 저녁 9시경에 식당 뒤 해변 담 모퉁이에서 만나자"고 했다는 것이다. 김재문 씨는 "정형, 오카다 씨와 즐기세요"하고는 돌아갔다. (중략)

그녀의 집은 기숙사 앞의 사택이었다. 집안에는 아무도 없었다. (중략) "늦었지만 들어오세요" 하며 나를 거실로 안내했다. 들어가니 그녀가 내게 목욕을 권했다. 귀찮다고 생각했는데, 입욕을 하고 있으니 그녀가 와서 내 등을 닦아 주었다. 이것이 일본식인 것 같다. 그녀는 내게 목욕하고 나오면 일본 욕의로 갈아입으라고 권했다. 거실로 나오자 식사 준비가 되어 있었다. (중략)

여름밤은 짧다. 숙사로 돌아오니 소대장들이 넓은 방에 들어와 자고 있었다. 문을 여는 소리에 잠을 깬 제3소대장 류광훈이 눈을 뜨고 "어디를 다녀왔나?", "지금 돌아왔는가?"를 묻기에 나는 대충 답을 하고 이불 속으로 들어갔다. 그는 더 이상 책망하지 않았다. 기상 시간까지는 아직 시간이 남아 있었다. 나는 이불 속에 들어가자마자 바로 잠들어 버렸다(『수기』, 117~122쪽).

　징용된 조선인 노동자가 밤에 자유롭게 기숙사를 불쑥 나와 밀회하는 것도 가능했다. 그럴 마음만 먹으면 언제라도 징용현장을 불쑥 빠져나왔다. '자유노동자'였던 것이다. 정 씨의 월급은 140엔이었고 의식주 대우도 좋았다. 공장 측이 조선인 노동자들에게 대단히 신경 쓰고 있었음을 알 수 있다. 그렇게 하지 않을 경우 애써서 징용으로 확보한 노동자가 조건이 더 좋은 다른 직장으로 도망가 버린다는 현실이 배경에 있었던 것이다.

　그 후 정 씨는 오카다 씨의 독려도 있고 해서 사무실에서 근무하게 되어 원폭투하의 날, 시내 근로동원에 나가지 않아 목숨을 건졌다.

도망하여 도쿄에서
조선인 감독의 함바로

　　　　　　　　다음으로 가네야마 쇼엔金山正捐 씨의 수기를 보자. 전술한 대로 1945년 3월에 오사카부 미나미코치군 나가노정(현재의 미나미카와 나가노시)의 요도시카단츄테츠吉年可鍛鑄鐵 공장에 징용된 가네야마 씨는 7월에 도망쳐 도쿄東京 함바飯場에서 '자유노동자'로 일을 했다. 9월에 재차 나가노정으로 돌아와 경찰의 취조를 받고 거기에서 쓴 수기다. 징용처로부터의 도망 경위를 보자.

나는 조선에서도 상당히 유복한 가정에서 성장했기 때문에 처음에는 도망한다는 생각은 추호도 없었습니다만, 점차 고향이 그리워졌습니다. 이에 더해 집단의 대장이었던 신노神農와 매일 말다툼을 했습니다. 싸움 끝에 서로 치고받은 것도 5~6회나 되었습니다. 게다가 대장 쪽에는 좋든 싫든 간부들이 응원하기 때문에, 거기에 더는 있을 수 없었습니다. (중략) 나와 최안석崔安石이 도망할 것을 약속했습니다. 두 사람은 1945년(저자) 7월 28일 점심밥을 먹은 후 기숙사를 벗어나 오오나가노大鐵野역에서 아베노교阿倍野橋까지 나가 저녁 공습으로 끊어진 죠토城東선 교바시京橋에서 저녁 때 하차, 게이한京阪전차[67]를 타고 교토에 도착했습니다.

그때 내가 소지한 돈이 250엔 정도 있어서 여관방에서 자고 식사 없이 방값으로만 12엔을 지불했습니다(『자료』, 50쪽).

도망친 동기는 작업이 혹심하거나 대우가 나빠서가 아니다. 대장과의 말다툼이 원인이었다. 게다가 대장은 징용자 속에서 선발되기 때문에 신노神農는 조선인이 창씨개명한 이름이다. 수기에 의하면 신노 대장도 "수일 내에 도망갈 것 같다는 소문"이 있었다고 한다.

앞에서 나온 히로시마에 징용된 정충해 씨는 100명의 대원이 있는 가운데 중대장에 선출되었다. 중대 아래에 3개의 소대가 있고 1개 소대는 3개 분대로 편성되었고, 각각 소대장, 분대장이 선출되었다. 신노 대장이 분대장, 소대장, 중대장 중 어떤 것이었는지는 알 수 없다.

---

67 역자 주: 교토京都-오사카大阪 선을 말한다.

가네야마 씨는 1945년 3월에 같은 공장에 들어왔고 도망친 것은 7월 28일로, 약 5개월간 징용노동자로서 일한 셈이 된다. 그 결과, 250엔의 현금을 갖고 있었다. 가네야마 씨의 월급이 얼마였는지는 수기에 기재되어 있지 않다. 앞에 나온 정 씨의 월급이 140엔이었기 때문에 그 정도는 받고 있었을 것이다.

또 1945년 3월, 이 공장은 가네야마 씨를 포함하여 41명의 조선인 징용노동자를 받았는데, 그 속에서 15명이 도주했다고 나가노정 경찰서장은 같은 해 9월 18일자의 다른 자료에다 쓰고 있다.

종전 후 징용노동자에게는 행동의 자유가 주어졌기 때문에 여기에서 말하는 도주란 8월 14일까지의 일이다. 3월 며칠에 그들이 공장에 도착했는지는 알 수 없다. 3월 초라고 해도 8월 14일까지는 5개월 반이다. 그 사이에 41명 중 14명, 37%가 도주했다. 말하자면 마음만 먹으면 상당히 자유롭게 징용현장으로부터 불쑥 나갈 수 있었음을 여기에서도 알 수 있다.

나가노역에서 아베노바시역, 교바시역을 거쳐 교토역까지는 문제 없이 철도로 이동할 수 있었는데, 교토에서 도쿄로 가는 표를 입수하는 데는 조금 애를 먹었다. 철도원은 증명서가 없기 때문이라고 말했는데 그래도 그에게 부탁하여 1매에 70엔의 암표 2장을 샀다. 7월 29일 밤, 교토역을 출발하여 나고야^{名古屋}에서부터 츄오센^{中央線} 방향으로 열차를 갈아타면서 도쿄로 향했고, 31일 오후 2시경, 다치카와^{立川}역에서 내렸다.

개찰구를 나와 한 조선인을 만나서 이 근처에 함바가 있는지를 물었다. 그 사람은 전남 해남군 출생으로 김해(金海)라고 하는 사람이었고, (중략) 니시타마(西多摩)군 고가와치(小川内)촌의 함바로 갈 것을 알려 주었다.

그 함바로 가자 감독은 경남 출생의 아라이(新井)라는 사람이었는데, "우리들은 이재자(罹災者)로 공습을 피해 왔습니다, 잘 부탁합니다"라고 말하자 우리를 진심으로 응대해 줄 뿐만 아니라 바로 저녁밥을 주셨습니다. 배가 너무 고팠으므로 아귀처럼 먹느라 맛이 없어도 느끼지 못했습니다.

밥을 먹자 그는 우리에게 담배 '히카리(光)' 5개씩을 주었습니다. 그 함바에는 모두 8명이 있었습니다, 다음 날 8월 1일은 지치고 아파서 함바에서 쉬고 있는데 점심 무렵 아라이 감독이 막걸리를 갖고 와서 얼마든지 마실 수 있으니 마시라고 하여 고맙게 마셨습니다(『자료』, 51쪽).

곧바로 조선인 감독의 함바를 발견하고 함바에서 신세를 졌다. 일하기 전부터 저녁밥과 담배에 막걸리까지 내주는 좋은 대우였다. 얼마나 노동자가 부족했는지를 알 수 있는 대목이다.

다치카와역에서 고가와치 촌(현재의 오쿠다마(奥多摩) 정) 함바를 소개해 준 김해라는 인물은 조선인 감독의 함바를 돌며 작업화나 셔츠, 철도표 등을 행상으로 파는 암거래 상인이었다. 작업화 한 켤레에 250엔, 셔츠 70~100엔, 도쿄에서 조선까지의 티켓 500엔에 이르는 상당히 고가의 물건을 판매했다. 이와 같이 비싼 가격임에도 불구하고, 조선인 노동자들은 고임금을 받고 있었기 때문에 충분히 그것을 구입할 수 있었다. 이로써 당시 조선인 노동자가 얼마나 좋은 대우를 받았는지를 알 수 있다.

고임금, 가벼운 노동의
함바 생활

함바에서의 작업 모습을 살펴보자.

8월 2일, 현장으로 가는 도중에 한 사람이 다가와 "자네 두 사람은 여기로 오라"고 하더니 산속으로 데리고 갔습니다. 거기에서는 큰 굴을 파고 있었습니다. 그 가까이에 판자가 있었는데 그것을 아래까지 운반하라고 하여 11시경까지 운반 작업을 마치고 물가로 가서 미역을 감고 돌아온 후 오후 내내 놀았습니다. 이것만으로 하루 15엔의 급료를 받았습니다.

8월 3일에는 함바에서 약 4km 떨어진 현장으로 갔는데 큰 터널이 있고 육군 초병이 서 있었습니다. 그런 터널을 네 개 빠져 나갔는데 터널 안에서는 비행기를 제작하고 있었습니다. 그곳에서도 우리는 운반을 조금 돕고 15엔을 받았습니다(『자료』, 51쪽).

아침부터 오전 11시까지 반나절 작업에 15엔을 받은 것은 참으로 좋은 대우를 받은 것이다. 또 다음 8월 4일은 일을 쉬고 도쿄 구경을 위해 외출을 했다. 자유로운 것이다. 그리고 가와자키川崎를 돌아 도쿄부에서 가까운 다카하타高幡산에서 조선인 함바를 발견하고, 5일에 고가와치小川內촌 일을 그만두고 옮겨 간다. 방공호를 파는 일이었다. 여기에서도 감독으로부터 담배 6개를 받는다.

8월 7일, 현장에서 측량을 도왔는데 일은 즐겁고 1일 20엔의 임금을 받았습니다(『자료』, 52쪽).

8월 9, 10, 11일, 3일간 매일 아침 9시부터 오후 2시나 3시경까지 방공호 파는 현장에서 천정에 판자를 받치는 일을 계속했습니다(『자료』, 52쪽).

여기에서도 작업은 상당히 쉽고, 역시 고임금이다. 다카하타산 함바의 식사에 대해서는 다음과 같이 쓰고 있다.

이 함바는 반도인 노동자가 300명밖에 없지만 유령 인구 1,500명가량을 날조하고 있어서 배급이 아주 풍부했습니다. 언제나 배불리 밥을 해 줬는데, 식사는 콩뿐이었고 쌀은 거의 없었습니다. 그것은 배급 쌀을 모두 횡령해서 돈을 벌기 때문이고, 그곳의 반도*島 취사 담당자가 2개월에 10만 엔이나 모았다는 것을 듣고 놀랐습니다.
이 외에 5일에 한 번가량을 고르게 나눠 소를 몰래 도살했는데 이 소 한 마리를 1500엔에 사서 그 고기를 함바 사람들에게 팔았습니다. 돈이 없는 사람은 안 먹지만, 급료를 많이 받고 돈이 있는 사람은 몰래 고기를 계속 사먹기 때문에 소 한 마리로 이익을 아주 많이 봅니다. 소가죽만으로도 1000엔의 이득을 얻었습니다(『자료』, 52쪽).

이전의 함바에는 막걸리가 있었고, 다카하타산 함바에서는 5일에 한 번씩 소를 몰래 잡아먹고 있었다. 또 인원은 300명인데 그 5배인 1,500명분의 쌀을 배급받아 횡령하여 이익을 보고 있었다. 이것은 전

후 암시장의 이야기가 아니라 전시 중의 일이다.

문자 그대로 열심히 총력전을 폈던 일본인에 비하여, 아무리 내선일체를 강조해도 많은 조선인에게 있어 전쟁은 일본인들의 전쟁이었다. 자신들의 목숨을 걸고 대처한다는 인식은 일부를 제외하고 없었다는 것이다.

그것을 알고 있던 일본 정부가 조선인에게 징병·징용을 적용하기 시작한 것은 1944년의 막다른 상황에서였다. 충성심이 없는 자를 전장에 동원한들 언제 배반할지 모른다는 의식이 있었기 때문이다.

당초 일본 군부는 조선에 징병제를 도입하는 것은 1960년경이 적절하다는 생각을 갖고 있었다. 그때쯤이 되면 일본국에 충성심을 가진 사람이 다수를 점할 것이라는 판단에서였다.[68]

그러나 징용현장에서 일본인과 징용노동자의 사인私人 인간관계는 대략 양호하였다. 앞에서 본 정충해 씨는 현장에서 근무하고 있던 일본인 전쟁미망인과 열애하였다. 또 가네야마 씨도 이렇게 수기를 끝맺고 있다.

> 요시토시吉年공장의 기숙사에서 친절하게 대해 주시던 사감의 일을 생각하여 김용金容(먼저 도망간 동료 징용자: 저자)과 함께 그 분 댁에 들렀다 가기로 이야기가 되어 9월 9일 재차 과거 칠생료七生寮에서 생활하던 자에게 돌아간 것입니다(『자료』, 쪽).

---

68 1937년 11월 24일자 조선군 참모로부터 육군 차관 앞으로의 기밀문서. 자세하게는 宮田節子(1985), 『朝鮮民衆と「皇民化」政策』, 未來社, 79~80쪽.

실태를 모르고 일본을 비판하는
한국의 젊은이들

여기에서 인용한 두 개의 수기는 1980년대 말경으로부터 일본인에 의해 불붙기 시작한 이른바 전후 보상 요구가 나오기 전에 쓰인 것이다. 요구의 정당성을 강조하려는 정치적 의도가 더해져 있지 않다는 점에서 사료로서의 가치가 매우 높다.

특히 정충해 씨의 수기는 '서언'에 있는 바와 같이 "늙은이가 되어 자신의 청춘의 통렬한 기록을 남기고 싶다는 생각이 들었다. (중략) 당시 조선인 징용노동자의 사실을 조금이라도 알게 해 준다면 기쁨일 것이다"는 동기에서 쓰였고, 기억이 틀린 데가 있다고 해도, 사실을 왜곡하는 일은 없었다고 생각해도 좋다.

수기는 본래 손으로 쓴 것으로 일본어로 번역된 것만 출판되었다. '역자 후기'에 의하면 전혀 한국인의 관심 대상이 되지 않고 있었다.

젊은 한국인들은 TV나 신문, 또 학교 교육에서 강제연행, 노예노동으로 대표되는 허구의 판에 박힌 식민지 시대사를 배운다. 실제 그 시대에 일본인과 조선인이 어떻게 관계를 맺고 있었는가 하는 것 따위는 거의 무시되고 있다. 그렇게 식민지 시대가 다뤄지면서 그 시대에 살지 않았던 세대는 거의 그 실태를 알지 못하는 상태이다.

이른바 '반일 일본인'은 실태를 알지 못하고 불쑥 일본 비판을 전개하는 한국의 주장을 근거로 하고 있다. 역사를 왜곡하고 한일의 진정한 우호를 방해하는 원흉이 아닐 수 없다.

징용공의 수기 검토로 다음과 같은 점이 명백하게 되었다.

징용의 시기, 조선인을 받아들인 공장에서는 물자가 부족한 가운데서도 가능한 한 좋은 의식주 환경을 준비했다. 일본인은 전쟁을 자신들의 일로 의식하고 있었지만 조선인에게는 그러한 당사자 의식이 희박했다. 평화로운 농촌에서 싫다는 청년을 억지로 데리고 와서 노예처럼 혹사시켰다고 하는 '강제연행'의 이미지는 사실이 아니다.

첫째, 조선인 노동자는 일본 내지에서 일하고 싶어했다. 억지로 연행한 것이 아니다.

둘째, 그들 중 많은 사람들은 일본 정부의 전쟁 수행을 위한 통제에 따르지 않고 마음대로 취로했다.

사실에 반하는 '강제연행', '노예노동'이라는 선전은 1970년대 이후 일본에서 먼저 만들어졌고, 그것이 한국으로 확산되었다. 선입관을 배제한 실증 연구가 요구되고 있다.

일본 정부도 실태를 알고 있었다

7장과 8장에서는 이른바 조선인 전시노동에 대한 통계와 수기로부터 그 실태를 살펴보았다. 반복하겠지만, 여기까지 읽어 온 것은 이미 모리타 요시오를 비롯한 선학에 의해 명확하게 되어 있는 것이며, 일본 정부도 그 연구 성과를 충분히 인식하고 있다. 1959년 5월에 법무성 입국관리과가 공간公刊한 최초의 입관入管백서

『출입국관리백서 - 출입국 관리와 그 실태』(대장성 인쇄국)에서는 여기까지 써 온 역사적 경위를 아래와 같이 간결하게 정리하고 있다. 그 부분의 전체를 인용해 둔다.[69]

제2장 출입국관리의 연혁과 현재의 기구

제1절 제2차 세계대전까지의 출입국 관리

(전략)

4. 조선인의 이주.

전쟁까지의 출입국 관리를 회고하건데, 당시 일본 국민이고 현재 일본인에 대해서 특수한 외국인으로서의 지위를 점하는 조선인에 대해서도 말을 해 두지 않으면 안 된다.

한국병합의 다음 해인 1911년 말에 일본 내지에 체류하는 조선인은 4,000여 명에 지나지 않았다. 1919년경 이후가 되어 조선인이 일본에 많이 이주하게 되었는데, 그 주된 원인의 하나는 조선 본토의 인구 증가이다. 일본 통치가 개시된 1910년 말에 약 1300만 명을 헤아렸던 조선인 인구는 종전 전에 3000만 명에 가까운 수(조선 본토에 2500만여 명, 일본 내지·만주·화북·소련 등에 약 400만 명)에 달하였다. 특히 남조선 농촌의 과잉 인구가 광공업이 미발달한 조선 내에서 흡수되지 못해 저임금 노동자로서 일본 내지로 도항하게 되었다. 가까운 거리이므로 그 이주의 방식은 돈벌이로 왕래하면서(예를 들면, 1924년의 도항수는 약 12만 명이었는데, 귀환수는 약 7만 5,000여 명이고, 1938년

---

69 전기, 『出入國管理白書-出入國管理とその實態』, 10~11쪽.

의 도항자 수는 약 16만 명이었는데, 귀환수는 약 14만 명이었다.) 점차 도시·공장·탄광지대에 정착하고, 1938년 말에는 재류자가 약 80만 명을 헤아렸다.

1919년 이후 조선인 노무자의 이주는 치안·노동문제 면에서 사회문제화하고 있었으므로, 정부는 행정 조치에 의해 생활의 전망이 없는 채로 도항하려는 시도를 저지하였다. 그 후 전시태세의 진전에 수반하여 일본 내지에서 국민동원계획이 추진되었다. 이때에 조선인 노무자를 포함하여, 1939년 9월부터 조선 내의 지정된 지역에서 기업주가 도항을 희망하는 노동자를 모집하였다. 1942년 2월부터는 그 모집이 총독부의 알선에 의해 행해졌다. 1944년 9월부터는 국민징용령에 입각하여 행해졌다.

그러나 1945년 3월 말에는 시모노세키下關·부산 간의 연락선이 거의 두절되고, 그 모집도항이 행해지지 않게 되었다(따라서 국민징용령에 의한 기간은 6개월 정도였다). 1939년 9월 이후 일본 내지로 모집된 조선인 노무자는 63만 5,000여 명이었는데, 그 속에 계약 기간이 지나 귀환한 자가 있었다. 또 직장을 벗어나 다른 곳으로 이동한 자도 있어서 종전 당시에 그 사업현장에 있었던 자는 32만 2,000여 명이었다.

그 외에 군인 · 군속으로 일본 내지에 있었던 자가 종전 시에 약 11만 명이었다. 또 상기 기간 중에도 종래대로 다수의 일반 조선인이 이주하고 있었고, 종전 당시에는 조선인의 주요 재류지는 6대 도시를 포함한 부현府縣, 조선에 가까운 후쿠오카福岡 야마구치山口, 히로시마廣島 및 홋카이도北海島의 탄갱지대였다. 이상의 10도부현道府縣의 재류 조선인은 내지 재류 전 조선인의 약 4분의 3을 점하였다(『入管白書』, 1959, 10~11쪽).

9
장

'재일은 강제연행된
조선인들의 자손'이라는 환상

사실에 기초하지 않은 논의는 해롭다. 어떠한 이득도 없다.
이것이 9장의, 그리고 이 책 전체의 결론이다.

재일 한국인·조선인은 강제연행된
조선인들의 자손이 아니다

9장에서는 종전 후 조선인 귀국을 논하고자 한다. 아직까지 이 사실을 무시하는 사람들은 재일 한국인·조선인은 전시 중에 노동자 등으로 '강제연행'된 사람들과 그 자손이라고 주장하고 있다.

결론부터 먼저 말하면 그것은 엉터리이다. 종전 후 200만 명이었던 재일 조선인 중 약 150만 명이 조선으로 귀국했다. 이들은 일본 잔류를 희망한 예외적인 경우를 제외하고 모두 조선으로 돌아갔다. 일본에 잔류한 50만 명은 일본으로 일찍이 도항하여 생활 기반을 쌓아올린 자들이 대부분이었다.

재일 조선인은 강제연행 피해자라는 주장은 1960년대 이후로 유포된 것이다. 또한 어떠한 경과로 이러한 엉터리 내용이 유포되었던가 하는 문제는 하나의 연구 주제이며, 슈토대학도쿄首都大學東京 정대균鄭大均 교수의 연구 등에 의해 해명되고 있다. 여기에서는 귀국의 정확한 사실 관계만을 확인하여 두고자 한다.

이 문제에 관해서도 실은 상세한 연구가 이미 이루어져 있다. 7장에서 언급했던 바대로 모리타 요시오의 치밀한 업적이다.

전후의 귀국에 관해서는 1955년 7월에 법무성으로부터 「법무연구보고서」 제43집 3호로 발행된 모리타 요시오의 『재일 조선인 처우의 추이와 현상在日朝鮮人處遇の推移と現狀』(이하에서는 『추이와 현상』이라고 한다)에 상세하게 기록돼 있다.

책은 1975년 코호쿠사湖北社에서 복사판을 해적 출판하여 존재가 널리 알려지게 되었다. 나는 고서점에서 책을 구입했다. 이하 기술의 많은 부분은 복사판에 의거한 것이다.

국익을 침해하는 발언

이처럼 뚜렷한 사실관계가 법무성의 공문서에 서술되어 있는데도 불구하고, 정치가들이나 매스컴에서는 그것을 무시하고 계속 엉터리 내용을 주장하고 있다. 도대체 일본 국가가 있기는 한 것인가 하는 생각이 든다. 정부의 공문서에 반하는 엉터리 내용을 확산시켜 외국인의 권익을 확대하려고 하는 정치가나 매스컴의 언동은 일본의 국익을 침해하는 행위라고 말하지 않을 수 없다.

일본의 패전과 함께 군인·군속, 전시동원된 노동자들은 물론 돈벌이를 하러 와 있던 일반노동자와 가족 대부분이 "조선은 마침내 일본의 지배로부터 해방되었다. 돌아가자. 독립된 조국으로!"라는 마음에 사로잡혔다. 1945년 8월 15일 이후 그들은 시모노세키, 센자키仙崎, 하카타博多항에 쇄도하였다. 그들은 조선으로 향하는 배를 찾았고, 일본인을 싣고 조선에서 일본으로 돌아온 배나 어선 등에도 앞 다투어 올라탔다.

연합국 최고사령부GHQ는 8월 25일 이후 100톤 이상 배의 항행을 금지했고, 무수한 기범선[70]이 1945년 말까지 조선해협을 왕복했다. 그 속에는 기뢰나 해적의 피해를 입은 것도 있었다.

9월 1일, 후생·내무, 두 성省의 관계국장이 조선인 전시노동자의 귀국을 우선적으로 진행한다는 다음과 같은 통달通達을 냈다. 『추이와 현상』으로부터 그 내용을 인용한다.[71]

관부연락선은 머지않아 운행할 예정이며, 조선인 집단이입 노무자는 우선적으로 계획수송을 한다. 수송 순위는 대략 토건노동자를 처음으로 석탄산 노무자를 최후로 하고, 지역적 순위에 대해서는 운수성에서 결정하여 관계 부현, 통제회, 동아교통공사에 연락한다.

소지품은 휴대해 갈 수 있는 수하물 정도로 하고, 가족이 있는 자는 그 가족도 동시에 수송한다. 부산까지는 반드시 사업주 측 인솔자를 붙여 부산에서 인도할 것. 귀국자를 돕는 일은 지방 흥생회로 하여금 극력 담당하게 한다. 귀국하기 전까지는 현재의 사업주로 하여금 그대로 계속 고용하고, 급여는 대략 종래대로 할 것. 전쟁 이전부터 거주하던 조선인에 대해서는 귀국 가능한 시

---

70 동력 기관과 돛을 함께 갖춘 비교적 작은 배.

71 警保局保発甲第三号, 「厚生省勤労健民両局長, 内務省管理警保両局長より地方長官あて「朝鮮人集団移入労務者等の緊急の措置の件」, 『推移と現状』, 54쪽에 수록되어 있다.

기에 상세하게 지시할 것이며, 또한 그때까지 평온히 대기하도록 지도할 것.

일본 정부는 조선인 민간인 복귀 군인, 군속, 집단이입 노동자 전용으로 연락선을 이용하여 그들의 귀국을 진행했다. 그뿐만이 아니다. 연락선이 출발하는 항구까지 일본 내에서 철도로 이동하는 것에 관해서도 편의를 제공하였다. 아오모리青森―시모노세키(홋카이도 北海島, 호쿠리쿠北陸 거주자), 시나가와品川―하카타博多(도우호쿠東北, 칸토關東 거주자), 나고야名古屋―하카다(츄부中部긴키近畿지구 거주자)에는 임시열차를 마련하고, 기타의 노선에서는 일반 정기열차에 귀국 조선인 전용의 객차를 증차, 연결하였다. 뱃삯과 국내 철도운임은 무료로 했다.

수송 순서는 민간인 복귀 군인, 집단이입 노동자와 전 피징용자 및 그들의 가족, 내지(사할린樺太, 치시마千島 및 오키나와沖繩는 포함하지 않는다) 이외의 지역으로부터의 귀국자, 기타의 일반 조선인 순으로 되었다.

134만여 명이 귀국

종전 후의 혼란 속에서 귀국 통제는 계획대로 실현되지 않았다. 일본 정부가 준비한 귀국선 이외에 자신들이 돈을 내서 배를 타는 자도 많았고, 또 우선순위에서 뒤로 밀린 일반조선인도 속속 항구로 모여들었다.

9월 말에 센자키, 시모노세키에 체류하는 조선인은 2만 명에 이르렀고, 하카타도 1만 명을 넘었다. 그 속에서 급식을 받고 있는 자가 각각

5,000명이었다. 센자키에서는 건평 200평의 창고 외 대규모 텐트 4개 등에 조선인을 수용하고, 하카타에서는 마사협회의 마구간에 수용되어 대혼란을 야기하였다고 한다. 혼란 때문에 GHQ는 10월 15일과 30일 2회에 걸쳐 조선인이 시모노세키, 센자키, 후쿠오카, 기타의 지구에 쇄도하는 것을 억제할 것을 요청했다.

GHQ는 11월 1일에 처음으로 조선인 귀국에 대한 구체적인 각서를 발표했는데, 거기에서도 귀국을 희망하는 조선인은 지시가 있을 때까지 현주소를 떠나지 못하도록 일본 정부가 통제할 것을 요청했다.

조선인 귀국을 위해서는 센자키, 하카타 외에 사세보佐世保, 마이주루舞鶴, 하코다테函館, 우라가浦賀(원호국 소재지)도 사용되었다. 또 미이케三池, 후시키伏木, 우쓰우라臼の浦(나가사키현), 모지門司, 시모노세키, 하기사카이萩境, 유노츠温泉津(시마네현), 후시키伏木(도야마현), 나나미七尾, 니이가타新潟, 오타루小樽, 무로란室蘭 등의 항구도 사용되었다.

종전으로부터 1946년 3월까지 귀국한 사람은 통계에 나타난 것이 약 94만 명(표10), 그 외에 통계누락을 『추이와 현상』은 약 40만 명으로 추계하고 있다. 둘을 합하여 134만 명이 급류처럼 귀국했던 것이다. 이 시점에서 군인·군속과 전시동원 노동자(징용 포함)는 대부분 귀국했다.

이미 서술한 바와 같이, 종전 시 일본에는 약 200만 명의 조선인이 있었다. 그 속에서 군인·군속이 약 11만 명, 전시동원되어 동원현장에서 일하고 있었던 사람이 약 32만 명이었다.

거듭하여 말하지만, 이 양자의 합계인 43만 명은 1946년 4월까지 조선으로 돌아갔던 것이다. 따라서 전후에도 귀국하지 않고 일본에 계속 거주한 재일 한국인·조선인은 전쟁 중에 일본으로 동원된 자들이나 그 자손들이 결코 아닌 것이다. 이것은 확실한 사실이다.

차가워진 귀국열

　　　　　　　　　1946년이 되면서 조선인들의 귀국열은 급속히 식어갔다. GHQ는 같은 해 3월 18일, 아직 남아 있는 일반 조선인의 귀국을 진행하기 위해 전체 재일 조선인에게 귀국에 대한 희망 유무를 등록하게 하였다. 그 결과 다음과 같은 숫자가 파악되었다.

　　　전체 재일 조선인 수 64만 7,006명(재소자 3,595명)
　　　전체 중에서 귀국 희망자 51만 4,060명(재소자 3,373명)
　　　위의 귀국 희망자 중에서 북조선으로의 귀국 희망자 9,701명(재소자 289명)

　즉, 조선인 중에서 8할이 귀국 의사를 표명했다.
　GHQ는 3월 26일, "귀국을 희망하는 사람은 일본 정부가 지시하는 시기에 출발해야 한다. 그렇지 않으면 일본 정부의 비용에 의한 귀국의 특권을 잃고 상업수송을 이용할 수 있을 때까지 기다려야 한다"고 발표했다.
　이 통계를 기초로 GHQ는 9월 말까지 전 희망자의 송환을 완료하라고 일본 정부에 지시하고, 이에 일본 정부는 시정촌별 수송계획을 수립하였다. 그러나 귀국 희망을 표명한 자들 속에서 그것을 그저 생각으로 그치는 자가 속출하면서 계획은 순조롭게 진행되지 않았다. 오히려 항구까지 와있던 자들도 귀국선에 타지 않고, 그곳의 암시장에서 생활의 기반을 구하는 자, 또는 그곳에 와서 직업을 구해 일본 내의 어딘가로 이동하는 자가 다수 발생하였다.

그 원인은 조선의 혼란스러운 정치 경제 정세 때문이었다. 미군정 하에 있었던 38도선 이남에서는 인플레가 진행되고, 쌀 배급이 끊어져 1946년 봄에는 '쌀소동'이 일어났다. 게다가 동년 6월부터 8월에 걸쳐 콜레라가 유행하고, 홍수까지 발생해 불안정한 사회 정세가 지속되었다. 그 때문에 조선으로 귀국했던 자들이 다시 일본으로 밀항하는 경우도 있을 정도였다.

특히 일찍 일본으로 건너와서 조선 내에 생활 기반이 없었던 자들은 귀국의 특권을 잃는다 해도 일본에 남는 쪽이 생활에 유리하다고 생각했을 것이다. GHQ는 10월 이후 귀국 소지품의 제한을 대폭 완화하는 등의 조치를 취했지만 집단 귀국은 저조한 상태였다. 조선으로 귀국한 자의 총수는 통계상 파악되어 있는 것만으로도 104만 328명이다(표10).

종전 시 재일 조선인은 약 200만 명, 귀국하지 않은 조선인이 약 50만 명으로 추정되기 때문에, 이외에 40만 명 이상의 귀국자가 통계로부터 누락되어 있다고 생각한다. 결국 도합 140만 명 이상이 종전 후 약 반년에 걸쳐 조선으로 귀국한 것이다.

『추이와 현상』은 환송 사업에 대해 다음과 같은 결론을 내리고 있다.

종전 후 단기일 내에 140만 명이 조선 본토로 이동한 것은 세계사상에서도

표10 재일 조선인의 귀국 (단위: 명)

기간	사세보	하카타	센자키	마이즈루	하코다테	우라가	기타	계
1945년 8월 ~46년 3월	55,306	425,713	320,517	25,676	86,271	2,540	24,415	940,438
1946년 4월 ~46년 말	286	69,107	9,917	3,385	205	-	-	82,900
1947년	8,392	-	-	-	-	-	-	8,392
1948년	2,822	-	-	-	-	-	-	2,822
1949년	3,482	-	-	-	-	-	-	3,482
1950년	2,294	-	-	-	-	-	-	2,294
계	72,582	494,820	330,434	29,061	86,476	2,540	24,415	1,040,328

사세보는 사세보귀국원호국『局史』(하)에 의한다. 단, 1947년 총수로부터 북조선 도착 귀국자 수 351명(1947년 3월 233명, 6월 118명)을 뺐다. 하카타는 하카타 귀국 원호국『局史』에 의한다. 센자키는 센자키 귀국원호국『局史』에 의한다. 마이즈루는 1949년 3월 10일, 마이즈루 귀국원호국 차장으로부터 귀국원호청 국장 앞으로의 보고에 의한다. 하코다테는 귀국원호원『外地および外國引揚者援護院』(1945년 12월)과 『引揚者援護官界一件集』(1946년 10월)에 의한다. 1946년은『國史』에 의한다. 우라가는 우라가귀국원호국『國史』에 의한다. '기타'의 명세는 이하와 같다. 오타루 1,865명, 니이가타 2,323명, 미이케 994명, 우쓰우리 1,237명, 모지 1,000명, 시모노세키 803명, 사카이 2,664명, 후시키 1,499명, 하기 2,640명, 나나미 708명, 유노츠 103명. 유노츠는 귀국원호국보관기록철『引揚援護局 保管記錄綴』에 의한다. 기타는 귀국원호국「외국귀국자보호관계 일건집」1945년 12월에 의한다. 森田芳夫,『在日朝鮮人處遇の推移と現狀』, 67쪽 표를 가공.

특기할 만한 현상이다. 여기에는 GHQ 지시에 의해서 이루어지기 전에 일본 정부의 대단한 노력이 있었다. 그 이전에 귀국열에 사로잡힌 조선인 자체의 분류^{分類}와 같은 민족적 의욕이 움직이고 있었기 때문이다. 1946년 4월에 GHQ가 귀국의 구체적인 대책을 확립했을 때 귀국 조선인의 9할은 이미 귀국해 있었다는 것이다.

총괄적으로 보면 동원노무자, 민간인으로의 복귀자도 약 100만 명은 돌아갔다. 뒤에 남은 50만 명의 사람들은 일본에 일찍부터 도항하여 생활 기반을 일본 사회에 깊이 쌓아 놓고 있던 사람이 대부분이었다고 할 수 있다.

이것이 1955년에 발표된 일본 정부의 역사인식이다.

종전 직후

어느 징용공의 체험

지금까지 종전 후 조선인의 귀국에 대해 서술했다. 전시동원자는 본인이 특별한 이유로 잔류한 자 외에는 모두 귀국했다는 것에 대해 자세히 살펴보았다. 이 부분에서는 먼저 8장에서 소개한 조선인 징용공 정충해 씨의 수기로부터 구체적인 귀국 상황을 살펴보자.

1945년 8월 15일 정오를 지나 히로시마시의 징용공을 위한 기숙사 상황은 다음과 같았다.

사감장舍監長 노구치野口 씨는 무거운 입을 열고, 눈을 피하면서도 우리 조선인들에게 자신의 생각을 말하는 것이었다.

"지금 나는 연합군에게 무조건 항복을 했다고 말하는 천황 폐하의 방송을 들었습니다. 무자비하고도 흉한 전쟁이 끝났습니다. 지금부터 여러분은 독립국가의 자유 국민이 되었습니다. 오랜 세월 우리 일본을 위해 많은 노고를 하셨지만, 우리는 전쟁에서 패하고 말았습니다. 모두 운명일 것입니다. 원컨대 여러분은 하루라도 빨리 고국으로 돌아가 여러분의 조국 건설을 위해 좋은 일을 하시기를 바랄뿐입니다.”

노구치 씨는 눈물을 흘리면서 목이 메어 이야기하는 것이었다. 기숙사 안
팎에서 웅성웅성 떠들었다. 각 소로 작업을 나가 있었던 사람들도 모두 돌
아왔다. 그러나 장소가 장소, 시기가 시기인 만큼, 마음 놓고 소리를 지를 수
는 없었다. 저마다 소곤거리며 상황을 살피고 있었다. 저녁이 되어서야 회
사의 상부로부터 정식 전달이 왔다.

“국가와 민족을 위해 어쩔 수 없이 무조건 항복했다. 공장 일이나 전체의 일
을 이 시기로 중지하고, 제2기숙사의 전 조선인도 귀국 조치를 한다”고 하
는 기쁜 발표였다. 게다가 제2기숙사 조선인에게는 귀국할 수 있는 모든 편
의를 제공하는데, 귀국일까지는 식사 제공 외에는 자치제로 회사에서 일절
간섭하지 않겠다는 것이었다. 말하자면 당신들의 생각대로 하라는 것이었
다. 고국으로 돌아가라고, 어딘가로 가라고, 마음대로 하라는 것이었다. 그
순간의 환희는 필설로 다하기 어려웠다. 천황의 방송을 들을 때에는 무조
건 항복을 한다는 원칙만 알고 있었고, 자세한 이야기는 없었다. 이번에는
이것저것 자세한 것을 알았기 때문에 각각 “대한독립만세!”를 소리 높여 부
르짖고, 태극기를 높이 게양했다(『수기』, 152~153쪽).

8월 15일 이후, 회사 측은 조선인 징용노동자를 위해 귀국 방법을 확
보하는 노력을 하면서 매일의 식량을 제공했다. 전후의 식량난 속에서
도 그만큼 성의를 다했다고 할 수 있다. 징용노동자는 귀국일을 고대하
면서도 물질적으로는 상당히 풍족했다.

8월 15일 이후, 회사 측에서는 1일 3회의 식사(주먹밥)를 제공해 줄뿐이고 아무것도 없었다. 식사를 받으면 먹고, 하루라도 일찍 귀국할 수 있는 날을 기다리는 것이 우리의 일과였다.

이제부터 우리 조선의 청장년들은 중대한 과제가 주어져 있었다. 쓰러지고 잃어버린 국가를 재건하여 우리 민족을 다시 되찾자. 당시 우리 마음속에는 공통된 생각이 오가고 있었고, 희망에 부풀어 있었다. 고국의 산하를 등지고 부모·형제·처자들과 이별을 하고 나서 거의 9개월 남짓 지나 해방되었는데, 왜 이렇게 돌아가고 싶은 것인가. 일각이 삼추와 같다는 말은 이런 때에 사용하는 말일까?(『수기』, 158~159쪽).

하루라도 빨리 귀국하려고 가능한 한 노력했다. 매일같이 회사에 가서 귀국선이 언제 가능한지를 묻는 것이 일과였다. 오늘도 회사에 가서 이를 묻자, "아직 1개월 정도는 더 기다려야 할 것이다"며 막연한 대답을 들어야 했다(『수기』, 158~159쪽).

기숙사 내에서는 매일같이 대연회가 벌어졌다. 입수하기 어려운 쇠고기나 정종(청주), 쌀을 구해 와서 마시고 먹는 호화판이었다(『수기』, 163쪽).

8월 15일부터 수일간에 수십 명이 제2기숙사를 나와 일본 내의 어딘가로 갔다. 일본 내에 연고자가 있는 자와 미혼의 젊은이들이다.

수기에서는 수십 명이라고 밖에 기술되어 있지 않지만, 그 뒤의 서술에서 동 기숙사의 300명 내에서 원폭피해 중경상자를 포함하여 100여

명, 그것을 제외하면 150~160명이라고 했으므로, 며칠 사이에 없어진 사람은 40명 정도라고 생각된다. 이 40명 속에는 전후에도 귀국하지 않고 일본에 남은 자가 있을 가능성이 있는데, 이것은 어디까지나 자신들의 의사에 따른 잔류였다.

8월 15일부터 며칠이었다. 그 사이 기숙사로부터는 점차 동포들이 나가고 있었다. 일본 내에 연고자가 있는 자는 연고자를 찾아갔고, 고국에 가족(처자)이 없는 젊은이 중 일부도 기숙사를 떠나갔다. 그 수는 수십 명에 이르렀다(『수기』, 159쪽).

귀국까지의 나날들

9월 초, 부산까지 돌아가는 25톤의 목조화물선을 발견했다. 요금 4만 엔에, 100명이 탈 수 있었다. 1인당 400엔이라는 고액의 뱃삯이었지만 제2기숙사의 100여 명이 모여 9월 8일에 출발했다.

정충해 씨는 월급이 140엔이었다. 1944년 12월부터 9개월간 징용 노동자로서 생활한 결과, 1인당 400엔을 내는 것이 가능한 자가 100여 명이었다는 것이다. 이 사실로부터 그들의 재정상태가 상당히 풍족했다는 것을 알 수 있다.

연합군은 무질서한 귀국을 멈추기 위해 8월 25일 이후, 100톤 이상의 배는 항해를 금지했다. 소형 선박이 고액의 항해료를 받고 귀국을 청부하는 사례가 상당히 많았다. 그 중에는 항해를 하다가 난파하는 일도 꽤 있었다. 실은 정충해 씨 등이 탄 배도 거친 바다의 큰 사건과 조우했지만, 여기에서는 생략한다.

9월 초부터 하카타, 센자키와 부산 간의 정기연락선이 운행을 재개했다. 고항마루興安丸(정원 4,500명)와 도쿠토시마루德壽丸(정원 2,500명)가 거기에 있었다.

9월 12일, 철도총국은 연락선은 당분간 일반승객 이용을 중지하고, 오로지 조선의 민간인 복귀 군인, 군속, 집단이입 노동자의 집단 귀국 수송에 충당할 것을 지시했다. 정 씨 등은 그 뒤 며칠을 더 기다린 끝에 운임 없이 안전한 항해가 가능했던 것이다.

출발일이 된 9월 8일, 관계자들이 환송회를 열었다. 거기에서 주고받은 말을 들어 보면, 당시 일본인과 조선인 사이 마음의 교류관계를 잘 알 수 있다.

귀국자 일동은 식당 앞 광장에 집합했다. 정확히 100명이었다. 각자 크고 작은 수하물을 등에 지고 희색이 만면했다. 한편에서는 아직 고국으로 돌아가지 않는 잔류자들이 쓸쓸한 표정으로 전송을 했다. 인근의 사람들까지도 나와서 우리 일동을 전송해 주었다. 맞은 편 기숙사 정문 앞에서는 대부분의 환자들이 밖으로 나와서 돌아가는 우리를 보고 눈물을 흘리는 모습이 눈에 띄었다. 회사에서는 병기부장을 대리하는 직원과 노구치 사감장을 비롯하여 사감들과 식당에 남아 있던 종업원들이 나왔다. 그 속에는 혼이 빠진 것 같이 멍하니 서 있는 오카다 씨의 모습도 섞여 있었다.

곧 간단한 환송회가 있었다. 노구치 사감장부터 대략 다음과 같은 환송의 말이 있었다. "여러분은 그리운 고국으로부터 부모, 처자를 두고 여기 일본에 와서, 본의가 아닌 많은 고통을 당했습니다. 그러나 일본은 결국 패하고 말았습니다. 지금부터 여러분은 독립국가의 국민으로서 중대한 임무가 주어져 있습니다. 무사히 귀국하여 조국을 재건하고, 좋은 일을 할 것을 마음으로 기원합니다. 병상에서 괴로워하고 있는 환자분들도 빨리 회복하도록 치료에 힘쓸 것이고, 아직 돌아가지 않고 남아 있는 분들도 서둘러 귀국할 수 있도록 배편을 알선해 드리겠습니다."

인사를 하는 노구치 씨의 눈에는 눈물이 고여 있었다. 노구치 씨는 목소리를 낮추면서 "멀리 위험한 해로海路, 부디 조심해서, 안녕히 가세요"하고 머리를 숙였다.

10개월간에 걸쳐 고락을 함께한 친한 사람들과 지금은 국적이 다른 타국인으로서 영원한 이별이었다. 귀국자를 대표하여 나는 간단한 인사를 하고 환송회를 마쳤다. 모임이 끝나자 각자 지금까지 친했던 사람과 마을 사람들에게 달려가 인사를 주고받았다.

오카다 씨도 담 옆에서 눈물을 흘리며 고국으로 돌아가는 우리를 바라보고 있었다. 나는 그녀 옆으로 가까이 가서 손을 잡으며 "모쪼록 몸조심 하세요. 인연이 있다면 또 만날 수 있을 것입니다. 너무 낙심하지 말고, 건강하세요"라고 말했다. 나는 차마 그녀의 얼굴을 볼 수 없어 그녀를 외면한 채 배에 올랐다. 히로시마에 와서 원폭으로부터 내 목숨을 구해준 은인, 살아서 다시 만나기는 어려울 것이다(『수기』, 175~176쪽).

제2기숙사에 있었던 징용공 300명 속에서 종전 직후 일본 내의 어딘 가로 이동한 자 40명, 정 씨 등 9월 8일에 귀국한 자가 100명, 원폭으로 사망하여 정 씨가 유골을 갖고 돌아간 자가 20명으로 9월 8일 시점에는 약 140명의 잔류자가 있었다. 그 속에서 원폭피해자로 당장 귀국할 수 없는 부상자가 80명 정도, 건강하지만 조금 더 기다려 회사 측이 수배한 배에 오르려고 기다리고 있었던 자가 60명이 된다. 사감의 이야기에서도 알 수 있듯이 일본 측은 140명에 대해서도 가능한 한 많은 도움을 주었을 것이라 생각된다.

재일 한국인·조선인의 대부분은 전시동원 전에
일본에 온 사람의 자손

이상 종전 후 조선인 귀국에 대해서 살펴보았다. 이로부터 알 수 있는 바를 서술하겠다. 전쟁 이전부터 계속하여 일본에 있던 현재의 특별영주자 중 대부분은 전시동원 이전에 도일한 자와 그 자손이다. 그것을 직접 증명하는 통계를 소개해 둔다. 징용에 의해 도일한 자는 많이 봐도 겨우 1.1%, 전시동원으로 도일한 자 전체라고 할지라도 6.6%밖에 되지 않는다.

법무성의 재류외국인통계在留外國人統計에 의하면, 1959년 4월 현재 재일 조선인이 도일한 시기는 표12와 같다. 공권력에 의한 동원인 징용은 1944년 9월부터 개시되었다. 월별 통계는 없기 때문에 1944년부터 1945년에 걸쳐 도일한 자 4,304명 중에 징용으로 도일한 자가 어느 정도였는지는 확실하지 않다.

전황이 악화한 그때쯤부터 자유도항자는 감소했던 터라 가령 4,304명 전원을 징용으로 온 사람들이라고 계산하여 보자. 동 1959년 4월 현재, 재일 조선인 인구를 보면, 15세 이상은 38만 1,659명이었다. 여기에서 전후 도일자 4,414명을 차감한 37만 7,245명이 종전 이전부터 계속해서 일본에 살던 자가 된다. 4,304명은 그중에서 1.2%에 해당한다.

표11 재일 조선인 인구의 남녀 비율 1959년 4월 현재 (단위: 명)

연령	남		여		계
총수	335,456	55%	272,077	45%	607,533
30세 이상	133,079	62%	81,909	38%	214,988
15세 이상	218,491	57%	163,168	43%	381,659

외국인등록관리표에 의한다. 연령불상자(남자 9명, 여자 3명)는 30세 이상에 포함시켰다.
森田芳夫(1965), 『數字が語る在日朝鮮人の歷史』, 41쪽 표를 사용하여 작성.

또 1939년부터 개시된 전시동원계획에 의한 도일자 전체를 생각해도 다음과 같다. 같은 통계로부터 1959년 현재 재일 조선인 중 1939년에서 1945년까지 도일한 자는 약 4만 명이다(표12). 본서에서 자세히 보았듯이 이 시기의 도일자는 전시동원계획 이외의 돈벌이 노무자도 상당히 많이 있었다. 1959년의 시점에서 30세 이상(종전 시 16세 이상)의 재일 인구의 남녀 구성을 보면, 남자는 62%, 여자는 38%가 된다(표11). 이 비율을 4만 명에 적용한 약 2만 5,000명이 계산상의 남성의 수가 된다. '모집', '관알선', '징용'으로 동원된 조선인은 극히 소수의 여공을 제외하면 모두 남자였다. 게다가 실제로 남성 돈벌이 노무자도 많았기 때문에 전시동원자의 수는 한층 적겠지만, 이를 설령 전시동원자로 계산해도 전체 재일 조선인의 7%가 되지 못한다.

표12 1959년 4월 현재 재일 조선인의 도일 시기 (단위: 명)

시기	인원
전전 도일자 계	216,231
1938년 이전	100,294
1939~1943년	36,157
1944~1945년	4,304
시기 불명	75,476
1946~1959년	4,414
일본 태생	386,888
총계	607,533

법무성, 「在留朝鮮人統計」로부터 작성. 원자료에서는 '상륙년'으로 되어 있다. 森田芳夫(1996), 『數字が語る在日朝鮮人の歷史』, 40쪽 표를 가공.

귀국 사업에 대한
정부의 역사인식

9장에서는 지금까지 조선인 '강제연행'이라고 말했던 전시동원의 통계와 수기 등으로부터 그 실태를 살펴보았다. 8장에서 소개한 1959년의 입관백서에는 9장에서 서술한 조선인 귀국의 역사적 경위를 다음과 같이 간결하게 정리했다. 그 부분을 모두 인용하여 둔다.[72]

---

72 전게 『출입국관리백서─출입국관리와 그 실태』, 12~13쪽.

제2절 점령 하의 출입국 관리

1. 귀국

1945년 9월 2일, 요코하마 먼 바다의 미주리호에서 일본이 항복하는 문서에 조인한 뒤로부터 1952년 4월 28일의 평화조약 발효까지 6년 8개월간에 일본의 통치권은 연합군 최고사령부의 제한 하에 놓여 있었다. 그때까지 내무성 소관이었던 외국인 출입국 관리는 총사령부의 손으로 옮겨져 있었다.

총사령부가 최초로 처리해야 했던 것은 환송이었다. 해외에 있는 일본군과 일반 국민을 합해 백수십만 명의 귀국을 위해 급속히 능률적으로 시작했다. 동시에 국내에 있는 외국인 및 이들에 준하는 자의 본국 송환을 진행했다.

재류 조선인은 종전 직후에 귀국을 초조하게 기다리며 서쪽 항구에 쇄도하여 혼란을 일으키고 있었다. 정부는 가장 먼저 동원노무자나 민간인 복귀자 우선 수송 조치를 취하였다. 총사령부도 그 방침을 이어받고, 또 그 뒤로 일반 조선인의 귀국을 진행했다. 조선에서 일본으로 귀국해 오는 일본인을 태운 배에 일본으로부터 귀국하는 조선인이 탔다. 귀국열에 사로잡힌 조선인은 하루라도 빠른 귀국을 원하여, 종전으로부터 1946년 3월까지 130만여 명이 조선으로 귀국했다. 1946년 2월에 총사령부는 귀국 희망자의 실태를 파악하기 위해 조선인·중국인·대만인·류큐인의 등록을 실시했다. 그 결과 조선인을 살펴보면, 1946년 3월 18일 현재, 재류 총수 64만 7,006명이 등록하고, 그 속에서 51만 4,060명(북조선으로의 귀국 희망자 701명 포함)이 귀국 희망으로 등록했다. 총사령부는 그 51만여 명 귀국 희망자의 계획 수송을 추진하고, 같은 해 9월 말까지 수송을 종료하려 했다.

조선인은 종전 후 큰 기대를 갖고 해방된 조국으로 돌아갔지만 국토가 양분되고, 경제 재건이 신통치 않아 생활의 전망이 좋지 않았다. 일본 쪽이 좋다고 판단하여 일본으로 밀항한 자가 많았다. 한편 그당시에 일본에서 상당히 자유롭게 생활했던 것도 귀국열을 식히는 하나의 원인이 되었다. 그때까지 귀국을 준비한 자라고 할지라도 단념하는 자가 많았다. 그 때문에 총사령부·일본 정부가 열심히 노력했음에도 불구하고, 같은 해 여름 이후의 귀국은 아주 저조했다. 1946년 4월 이후 그해 말까지 귀국자는 8만 2,900명에 지나지 않았다. 그 후 1947년 8,392명, 1948년 2,822명, 1949년 3,482명, 1950년 2,294명이 귀국하였다. 귀국자들을 나르던 배는 사세보에서 부산으로 대체로 1개월에 1회 운항했다. 1950년 6월에는 6·25가 일어나 그때까지 계속되던 집단 조선인 귀국은 종료되었다.

이상으로부터 종전 당시에 200만 명을 헤아리던 조선인 속에서 동원노무자와 민간인 복귀자는 개인의 자유의사로 일본에 머무른 것을 별개로 하면, 전원이 먼저 귀국했음을 알 수 있다. 일반 재류자 중에서도 약 100만 명이 귀국했다. 그 뒤에 50만 명에 가까운 사람들이 남았는데, 이들 대부분은 일본 내지에서 일찍부터 조선에 왕래하며 생활하고, 그 생활 기반을 일본 사회에 깊이 쌓아 올린 사람들이었다.

또 재류 조선인 속에서 북한으로 귀국을 희망한 사람들은 1946년 11월, 미소 간에 체결된 소련지구 귀국 협정의 실시에 따라 1947년 3월과 6월에 합계 351명이 귀국했다.

재일 조선인의 '강제연행'과 전후 일본 재류 경위의 사실은 이것으로 끝이다. 그런데 일본 여당 간부를 포함하여 '반일' 일본인들은 사실에 반하는 발언을 거듭하는 등 너무나도 무지하고 불성실한 발언들을 일삼고 있다.

사실에 기초하지 않은 논의는 해롭다. 어떠한 이득도 없다. 이것이 9장의, 그리고 이 책 전체의 결론이다.

감사의 말

2012년 12월, 아베 신조 정권 출범과 거의 동시에 소시샤草思社에서 『신증보판 알기 쉬운 위안부 문제よくわかる慰安婦問題』를 내고 6개월이 지났다. 위안부 문제에 대해서 『아사히신문』은 2014년 8월에 내가 위 책 등에서 문제 삼은 자사의 위안부 보도를 검증하고 요시다 세이지 증언 등에 대해 과거 기사를 정정하고 사죄했다. 그 정정은 많이 불충분했지만 그래도 계속 비판해 온 결과, 일부라도 아사히가 정정하였으므로 지금까지 해 온 위안부 문제 연구가 어느 정도 일본 사회의 상식이 되었다는 점에서 내게는 기쁜 일이었다.

나는 몇 사람의 학자, 뜻있는 사람과 함께 「아사히신문『위안부 보도』에 대한 독립검증 위원회」를 조직하고 아사히의 검증은 불충분한 것임을 주장하는 보고서를 공표했다.

한편, 아베 정권은 위의 책 등에서 내가 제안한 위안부 문제에 관한 새로운 관방장관 담화를 내지는 않았지만, 고노 담화가 나온 경위의 검증을 정부 차원에서 수행하고 보고서를 공표했다. 그 검증도 충분한 것이라고는 말할 수 없다. 그래도 내가 계속 주장해 온 대로 위안부 강제연행을 증명하는 사료史料는 그 어떤 것도 발견되지 않고 있다는 역사의 진실이 다시 명확해졌으니 이것은 감사한 일이 아닐 수 없다.

2015년 12월, 아베 정권은 한국의 박근혜 정권과 위안부 문제에 대하여 합의하였다. 거기에서 내가 걱정했던 것은 합의에 매여 국제사회에서 확산되고 있는 "일본은 조선을 비롯한 각국의 여성 20만 명 이상을 강제연행하여 성노예로 삼았다"고 하는 거짓에 반론하는 것을 일본 정부가 중단하는 일이었다.

그러나 2016년 1월, 아베 총리는 "세계에서 위안부에 관한 비방중상이 퍼지고 있다. 강제연행, 성노예, 20만 명 설說에 대해 정부로서 반론한다"고 국회에서 명확히 답변했다. 그것을 이어받아 외무성도 유엔 등에서 반론의 홍보를 본격화하고 있다. 너무 늦었다는 생각이 들었지만, 그래도 내가 계속 주장해 온 것이 실현되었다는 점에서 다행이라고 생각하고 있다.

하지만 2018년, 한국 대법원이 전시노동자 문제에서 역사의 진실을 왜곡하고, 국제법을 무시하는 부당판결을 내렸다. 돌연히 전시노동자 문제가 제2의 위안부 문제가 될지도 모르는 상황이 되었다. 하지만 위안부 문제와 다른 것은 지금 일본 정부가 과거와 달리 먼저 사죄하고 인도적 입장에서 금전 지원을 하던 지금까지의 사죄 외교를 부정하고, 말해야 할 것은 정확히 주장하는 의연한 외교를 전개하고 있다는 것이다. 나는 그간 연구해 온 성과를 필사적으로 다양한 매체에 발표해 왔다. 그것들을 토대로 하여 정리한 것이 이 책이다.

마지막으로 조금 낙관적인 사실을 밝혀두겠다. 나는 일전에 역사인식 문제는 4개의 요소가 서로 얽혀 있고, 일본을 비난하는 사실무근의 반일 역사인식이 외교를 저해하며, 일본의 명예와 국익을 크게 손상했다고 주장해 왔다. 이것이 역사인식 문제의 4요소설[4要素說]이다(졸고 「역사인식문제란 무엇인가」, 『역사인식문제연구』 창간호, 역사인식문제연구회, 2017년 9월, 拙稿 「歷史認識問題とは何か」, 『歷史認識問題研究』 創刊號, 歷史認識問題研究會).

첫 번째로, 일본 내의 반일 매스컴·학자·운동가가 사실에 반하는 일본 비난 캠페인을 하였다.

두 번째로, 그것을 중국과 한국 양 정부가 정식으로 외교 문제로 삼아 '내정간섭'적인 요구를 강요했다.

세 번째로, 일본 외교 당국이 반론하지 않은 채 사태를 악화시켰다. 부당한 요구 사실을 파고들어 반론하지 않았던 것이다. 우선 사죄하고, 도의적 책임을 인정하고, 인도적 지원 명목으로 이미 조약·협정으로 해결이 끝난 보상을 흐지부지하여 다시 보상함으로써 문제를 더욱 악화시키게 되었다.

네 번째로, 내외의 반일 활동가가 근거 없이 일본 비난을 국제사회에 확산시켰다. 그 결과 일본과 우리 선조의 명예가 심각하게 손상되었다.

이 책에서 자세하게 썼듯이 조선인 전시노동자 문제도 먼저 일본의 학자와 운동가들에 의하여 시작되었다. 두 번째로 한국 재판소와 정부에 의해 정식으로 외교 문제화했다. 여기까지는 교과서 문제, 위안부 문제 등과 완전히 동일하다.

그러나 아베 정권은 지금까지와는 달리 '인도적 입장'에서의 기금 구

상에 "일본은 응하지 않는다"는 원칙을 유지, 사죄하지 않고 반론 외교를 전개하고 있다. 이것을 매스컴과 국민 다수가 지지하고 있다. '세 번째' 요소의 일본 외교가 사태의 악화를 잘 저지하고 있다. 따라서 관민이 협력하여 역사의 진실을 홍보해 가면 '네 번째' 요소의 국제사회 홍보전에서도 지금까지처럼 일방적으로 패배하는 일은 없을 것이다. 여기에 희망이 있다.

허위의 우호는 결코 진짜라고 할 수 없다. 진실한 한일 우호를 위해서라도 밝힐 것은 정확히, 그러나 예의를 다하여 말하는 것이 그 어느 때보다 요구되는 시기다. 이 책은 그러한 자세로 썼다. 한일의 진실한 우호를 위해 부디 많은 일본인과 한국인이 이 책을 읽기를 바란다.

나는 통상은 연호를 사용하고, 국제관계에서는 서력을 사용해 왔다. 국제 문제를 취급하는 이 책의 본문에서는 서력으로 통일했다.

이 책을 매듭 짓는 데는 소시샤草思社 후지타 히로시藤田博 편집부장, 기타니 하루오木谷東南 씨에게 큰 신세를 졌다. 감사드린다.

2019년(平成 21년) 3월 1일

니시오카 쓰토무

역자 후기

　　　　　　　　　　　　전시노무동원이 개시된 1939년 이후 1945년까지 약 72만여 명의 조선인이 해외로 건너갔다. 한국 학계에서는 이들이 '강제연행'되어 '노예노동'을 했다는 주장이 통설처럼 되어 있고, 국민적 상식으로 자리 잡기도 했다. 그런데 이 책 7장에서 표현하는 바와 같이, 같은 시기에 전쟁과 상관없이, 노무동원과 무관하게 조선에서 일본으로 갔던 사람 수가 165만 명을 넘는다. 이렇게 엄청난 수의 조선인들이 돈벌이를 위해 자발적으로 일본으로 도항하는 상황에서 '강제연행'이 과연 필요하기나 했을까? 한국에서 이러한 기초적인 사실조차 확인하지 않았다는 것은 무엇을 의미할까?

　　8장에서는 1944년 9월부터 시행된 '징용'에 의해 일본으로 동원된 두 명의 조선인이 쓴 기록을 소개하고 있다. 먼저 정충해 씨는 "그리운 부산항을 다시 볼 수 있는 날은 언제일까, 어쩌면 영원히 돌아올 수 없는 몸이 될지도 모른다"고 두려워하며 탄식했다. 그러나 그는 정작 일본에서는 일본인 전쟁미망인과 밀회까지도 즐겼다. 작업이 끝나면 술과 진기한 음식으로 '연회'를 열고 "많은 사람이 모이는 곳에서 빠뜨릴 수 없는 것"이라며 "이쪽 모퉁이, 저쪽 모퉁이에서 화투 '육백'이나 '섰다'를 했다"고 썼다. 다른 한 명, 창씨개명으로 가네야마 쇼엔金山正掮이라고 불렸던 조선인의 징용 경험도 이 책에서 처음으로 소개된다.

정충해 씨와 가네야마 씨에 의해 지금까지 남아 있게 된 이들 기록은 당시에 작성된 것이다. 조선인 노무동원이 요즘처럼 '정치화'되기 이전의 기록이다. 지금까지 한국에 알려지지 않았다는 것도 공통된 점이다. 중요한 것은 이들 기록 어디에도 '노예노동'의 단서를 발견할 수 없다는 것이다. 이들 자료는 한국에 소개되지 않았고 관심 갖는 연구자도 없었다. 최근 식민지기 말기의 조선인 노무동원에 대한 사회적 관심이 크게 높아졌음에도 말이다. 이유가 무엇일까?

많은 사람들이 근래 한일 관계를 '1965년 한일협정 이후 최악'이라고 말한다. 사실일 것이다. 계기는 2018년 10월 30일, 한국 대법원의 판결 때문이다. 대법원은 조선인으로서 전시 중에 일본 신일철주금에서 일한 4명의 원고들에게 1억 원씩을 위자료로 지급하라고 판결하였고, 신일철주금이 이를 거부하자 한국 소재 자산을 압류했으며, 이제는 매각 절차에 돌입하였다. 한국 사회에서는 이들 '피해자'를 "징용노동자"라고 부른다. 일본 정부는 "조선반도 출신 노동자"라고 칭한다. 이런 차이는 무엇에서 오는가. 어느 쪽이 옳은가. 이 책 저자는 '징용공' 없는 '징용공 문제'라는 1장의 제목으로 이 문제에 답하고 있다.

전시동원 노동자 문제는 이후에 어떻게 될까. 일본이 양보할까. 이 책의 저자는 아니라고 말한다. 그를 포함하여 과거사 문제에 대한 일본 정부와 일본인들의 태도가 바뀌었다고 밝힌다. 일본군 위안부 문제와 같이 '도덕적인 책임을 인정하고 금전적으로 보상'하는 일은 없을 것이라는 말이다. 역자도 이에 동의한다. 일본 정부는 노무동원 노동자에 대한 금전 지급 문제를 지난 2년 이상 '한국에서 해결해야 할 문제'라는 입장으로 일관했다. 일본 국민들도 그를 지지했다. 일본 정부가 입장을 바꿀 리도 없고, 그를 위해 일본 국민들을 설득할 만한 어떤 논리나 이유도 찾아 볼 수 없다.

이 책의 저자는 물론 일본 정부의 입장을 지지한다. 아니, 전시동원 노동자 문제에 대한 연구를 통해 일본 정부의 입장을 선도하고 있는지도 모른다. 일본 보수주의자의 한일 과거사 문제에 대한 입장에 있어서 이 책의 저자가 취하는 태도의 특징은 외교적 협정이나 법률의 측면에서만 아니라, 역사적 실태를 중시한다. 전시동원 문제에 있어서는 '1965년 한일협정으로 해결되었다'는 사실만 아니라, '강제연행·노예노동'을 부정한다. 징용의 강제성을 부정하지 않지만, '자발적 도일'과 '계약 노동자의 노동과 일상'이 당시의 기본적 양태라고 주장한다. 그는 이렇게 양면에서 한국 대법원 등의 판단을 비판한다. 크게 보아 그의 주장을 반박할 수 없다고 역자는 생각한다.

노무동원 노동자의 역사적 실태를 이해하고 이를 둘러싼 한일 간 갈등의 해법을 모색하는 데 이 책이 큰 도움이 되리라 생각한다. 한국의 보수주의자들은 이제 일본의 보수주의자들과도 대화해야 한다. 그 출발에 있어 이 번역이 조금이나마 도움이 된다면 큰 기쁨이겠다.

번역을 보조해 준 펜앤드마이크 박순종 기자에게 지면을 빌어 고마움을 전한다.

낙성대경제연구소에서 이우연

자료 1

신일철주금·조선인전시노동자 재판 한국 대법원 판결 주요 부분

상고를 모두 기각한다.

상고비용은 피고가 부담한다.

(• 는 저자가 삽입한 요점을 표시한다)

이유

1. 기본적 사실관계

• 시대 배경

가. 일본의 한반도 침탈과 강제동원 등

일본은 1910. 8. 22. 한일합병조약 이후 조선총독부를 통하여 한반도를 지배하였다. 일본은 1931년 만주사변, 1937년 중일전쟁을 일으킴으로써 점차 전시체제에 들어가게 되었고, 1941년에는 태평양전쟁까지 일으켰다. 일본은 전쟁을 치르면서 군수물자 생산을 위한 노동력이 부족하게 되자 이를 해결하기 위하여 1938. 4. 1. '국가총동원법'을 제정·공포하고, 1942년 '조선인 내지이입 알선 요강'을 제정·실시하여 한반도 각 지역에서 관^官 알선을 통하여 인력을 모집하였으며, 1944년 10월경부터는 '국민징용령'에 의하여 일반 한국인에 대한 징용을 실시하였다. 태평양전쟁은 1945. 8. 6. 일본 히로시마에 원자폭탄이 투하된 다음, 같은 달 15일 일본 국왕이 미국을 비롯한 연합국에 무조건 항복을 선언함으로써 끝이 났다.

• 원고1, 원고2는 평양에서 모집광고를 보고 스스로 응모

나. 망 소외인과 원고2, 원고3, 원고4(이하 '원고들'이라 한다)의 동원과 강제노동피해 및 귀국 경위

(1) 원고들은 1923년부터 1929년 사이에 한반도에서 태어나 평양, 보령, 군산 등에서 거주하던 사람들이고, 일본제철 주식회사(이하 '구 일본제철'이라 한다)는 1934년 1월경 설립되어 일본 가마이시釜石, 야하타八幡, 오사카大阪 등에서 제철소를 운영하던 회사이다.

(2) 1941. 4. 26. 기간基幹 군수사업체에 해당하는 구 일본제철을 비롯한 일본의 철강 생산자들을 총괄 지도하는 일본 정부 직속기구인 철강통제회가 설립되었다. 철강통제회는 한반도에서 노무자를 적극 확충하기로 하고 일본 정부와 협력하여 노무자를 동원하였고, 구 일본제철은 사장이 철강통제회 회장을 역임하는 등 철강통제회에서 주도적인 역할을 하였다.

(3) 구 일본제철은 1943년경 평양에서 오사카제철소의 공원모집 광고를 냈는데, 그 광고에는 오사카제철소에서 2년간 훈련을 받으면 기술을 습득할 수 있고 훈련 종료 후 한반도의 제철소에서 기술자로 취직할 수 있다고 기재되어 있었다. 망 소외인, 원고2는 1943년 9월경 위 광고를 보고, 기술을 습득하여 우리나라에서 취직할 수 있다는 점에 끌려 응모한 다음, 구 일본제철의 모집담당

자와 면접을 하고 합격하여 위 담당자의 인솔 하에 구 일본제철의 오사카제철소로 가서, 훈련공으로 노역에 종사하였다.

망 소외인, 원고2는 오사카제철소에서 1일 8시간의 3교대제로 일하였고, 한 달에 1, 2회 정도 외출을 허락받았으며, 한 달에 2, 3엔 정도의 용돈만 지급받았을 뿐이고, 구 일본제철은 임금 전액을 지급하면 낭비할 우려가 있다는 이유를 들어 망 소외인, 원고2의 동의를 얻지 않은 채 이들 명의 계좌에 임금 대부분을 일방적으로 입금하고 저금통장과 도장을 기숙사 사감에게 보관하게 하였다. 망 소외인, 원고2는 화로에 석탄을 넣고 깨뜨려서 뒤섞거나 철 파이프 속으로 들어가서 석탄찌꺼기를 제거하는 등 화상의 위험이 있고 기술 습득과는 별 관계가 없는 매우 고된 노역에 종사하였는데, 제공되는 식사의 양이 매우 적었다. 또한 경찰이 자주 들러서 이들에게 '도망치더라도 바로 잡을 수 있다'고 말하였고 기숙사에서도 감시하는 사람이 있었기 때문에 도망칠 생각을 하지 못하였는데, 원고2는 도망가고 싶다고 말하였다가 발각되어 기숙사 사감으로부터 구타를 당하고 체벌을 받기도 하였다.

그러던 중 일본은 1944년 2월경부터 훈련공들을 강제로 징용하고, 이후부터 망 소외인, 원고2에게 아무런 대가도 지급하지 않았다. 오사카제철소 공장은 1945년 3월경 미합중국 군대의 공습으로 파괴되었고, 이때 훈련공들 중 일부는 사망하였으며, 망 소외인, 원고2를 포함한 나머지 훈련공들은 1945년 6월경 함경도 청진에 건설 중인 제철소에 배치되어 청진으로 이동하였다. 망 소외인, 원고2는 기숙사 사감에게 일본에서 일한 임금이 입금되어 있던 저금통장과 도장을 달라고 요구하였지만, 사감은 청진에 도착한 이후에도 통장과 도장을 돌려주지 아니하였고, 청진에서 하루 12시간 동안 공장 건설을 위해 토목공사를 하면서도 임금을 전혀 받지 못하였다. 망 소외인, 원고2는 1945년 8월경 청진공장이 소련군의 공격으로 파괴되자 소련군을 피하여 서울로 도망하였고 비로소 일제로부터 해방된 사실을 알게 되었다.

• 원고3은 1941년, 모집의 시기에 보국대로서 도일

(4) 원고3은 1941년 대전시장 추천을 받아 보국대로 동원되어 구 일본제철 모집담당관의 인솔에 따라 일본으로 건너가 구 일본제철의 가마이시제철소에서 코크스를 용광로에 넣고 용광로에서 철이 나오면 다시 가마에 넣는 등의 노역에 종사하였다. 위 원고는 심한 먼지로 인하여 어려움을 겪었고 용광로에서 나오는 불순물에 걸려 넘어져 배에 상처를 입고 3개월간 입원하기도 하였으며, 임금을 저금해 준다는 말을 들었을 뿐 임금을 전혀 받지 못하였다. 노역에 종사하는 동안 처음 6개월간은 외출이 금지되었고 일본 헌병들이 보름에 한 번씩 와서 인원을 점검하였으며 일을 나가지 않는 사람에게 꾀를 부린다며 발길질을 하기도 하였다. 위 원고는 1944년이 되자 징병되어 군사훈련을 마친 후 일본 고베에 있는 부대에 배치되어 미군포로감시원으로 일하다가 해방이 되어 귀국하였다.

• 원고4는 1943년에 모집되어 도일

(5) 원고4는 1943년 1월경 군산부(지금의 군산시) 지시를 받고 모집되어 구 일본제철의 인솔자를 따라 일본으로 건너가 구 일본제철의 야하타제철소에서 각종 원료와 생산품을 운송하는 선로의 신호소에 배치되어 선로를 전환하는 포인트 조작과 열차의 탈선방지를 위한 포인트 오염물 제거 등의 노역에 종사하였는데, 도주하다 발각되어 약 7일 동안 심한 구타를 당하며 식사를 제공받지 못하기도 하였다. 위 원고는 노역에 종사하는 동안 임금을 전혀 지급받지 못하였고, 일체

의 휴가나 개인행동을 허락받지 못하였으며, 일본이 패전한 이후 귀국하라는 구 일본제철의 지시를 받고 고향으로 돌아오게 되었다.

다. 샌프란시스코 조약 체결 등
라. 청구권 협정 체결 경위와 내용 등
마. 청구권 협정 체결에 따른 양국의 조치
바. 대한민국의 추가 조치

• 일본 판결은 한국의 선량한 풍속, 사회질서에 위반

2. 상고 이유 제1점에 관하여

환송 후 원심은 그 판시와 같은 이유를 들어, 망 소외인, 원고2가 이 사건 소송에 앞서 일본에서 피고를 상대로 소송을 제기하였다가 이 사건 일본 판결로 패소·확정되었다고 하더라도, 이 사건 일본 판결이 일본의 한반도와 한국인에 대한 식민지배가 합법적이라는 규범적 인식을 전제로 하여 일제의 '국가총동원법'과 '국민징용령'을 한반도와 망 소외인, 원고2에게 적용하는 것이 유효하다고 평가한 이상, 이러한 판결 이유가 담긴 이 사건 일본 판결을 그대로 승인하는 것은 대한민국의 선량한 풍속이나 그 밖의 사회질서에 위반하는 것이고, 따라서 우리나라에서 이 사건 일본 판결을 승인하여 그 효력을 인정할 수는 없다고 판단하였다.

이러한 환송 후 원심의 판단은 환송판결의 취지에 따른 것으로서 거기에 상고 이유 주장과 같이 외국 판결 승인 요건으로서의 공서양속 위반에 관한 법리를 오해하는 등의 위법이 없다.

3. 상고 이유 제2점에 관하여

환송 후 원심은 그 판시와 같은 이유를 들어, 원고들을 노역에 종사하게 한 구 일본제철이 일본국 법률이 정한 바에 따라 해산되고 그 판시의 '제2회사'가 설립된 뒤 흡수합병 과정을 거쳐 피고로 변경되는 등의 절차를 거쳤다고 하더라도, 원고들은 구 일본제철에 대한 이 사건 청구권을 피고에 대하여도 행사할 수 있다고 판단하였다.

이러한 환송 후 원심의 판단 역시 환송판결 취지에 따른 것으로서, 거기에 상고 이유 주장과 같이 외국법 적용에 있어 공서양속 위반 여부에 관한 법리를 오해하는 등의 위법이 없다.

• 원고의 손해배상청구권은 청구권 협정의 적용 대상에 포함되지 않는다.

4. 상고 이유 제3점에 관하여

가. 조약은 전문·부속서를 포함하는 조약문의 문맥 및 조약의 대상과 목적에 비추어 그 조약의 문언에 부여되는 통상적인 의미에 따라 성실하게 해석되어야 한다. 여기서 문맥은 조약문(전문 및 부속서를 포함한다) 외에 조약의 체결과 관련하여 당사국 사이에 이루어진 그 조약에 관한 합의 등을 포함하며, 조약 문언의 의미가 모호하거나 애매한 경우 등에는 조약의 교섭 기록 및 체결 시의 사정 등을 보충적으로 고려하여 그 의미를 밝혀야 한다.

나. 이러한 법리에 따라, 앞서 본 사실관계 및 채택된 증거에 의하여 알 수 있는 다음과 같은 사정을 종합하여 보면, 원고들이 주장하는 피고에 대한 손해배상청구권은 청구권 협정의 적용 대상에 포함된다고 볼 수 없다. 그 이유는 다음과 같다.

• 일본의 통치는 불법이었다는 전제에서 위자료를 요구하고 있다, 미지급 임금이나 보상금을 청구하고 있는 것은 아니다.

(1) 우선 이 사건에서 문제되는 원고들의 손해배상청구권은, 일본 정부의 한반도에 대한 불법적인 식민지배 및 침략전쟁의 수행과 직결된 일본 기업의 반인도적인 불법행위를 전제로 하는 강제동원 피해자의 일본 기업에 대한 위자료 청구권(이하 '강제동원위자료 청구권'이라 한다)이라는 점을 분명히 해 두어야 한다. 원고들은 피고를 상대로 미지급 임금이나 보상금을 청구하고 있는 것이 아니고, 위와 같은 위자료를 청구하고 있는 것이다. 이와 관련한 환송 후 원심의 아래와 같은 사실 인정과 판단은 기록상 이를 충분히 수긍할 수 있다. 즉, ① 일본 정부는 중일전쟁과 태평양전쟁 등 불법적인 침략전쟁 수행 과정에서 기간 군수사업체인 일본제철소에 필요한 인력을 확보하기 위하여 장기적인 계획을 세워 조직적으로 인력을 동원하였고, 핵심적인 기간 군수사업체의 지위에 있던 구 일본제철은 철강통제회에 주도적으로 참여하는 등 일본 정부의 위와 같은 인력동원 정책에 적극 협조하여 인력을 확충하였다. ② 원고들은 당시 한반도와 한국민들이 일본의 불법적이고 폭압적인 지배를 받고 있었던 상황에서 장차 일본에서 처하게 될 노동 내용이나 환경에 대하여 잘 알지 못한 채 일본 정부와 구 일본제철의 위와 같은 조직적인 기망에 의하여 동원되었다고 봄이 타당하다.

• 열악한 환경, 강제저금, 감시와 폭행

③ 더욱이 원고들은 성년에 이르지 못한 어린 나이에 가족과 이별하여 생명이나 신체에 위해를 당할 가능성이 매우 높은 열악한 환경에서 위험한 노동에 종사하였고 구체적인 임금액도 모른 채 강제로 저금을 해야 했으며, 일본 정부의 혹독

한 전시 총동원체제에서 외출이 제한되고 상시 감시를 받아 탈출이 불가능하였으며, 탈출 시도가 발각된 경우 심한 구타를 당하기도 하였다.

• "반인도적인 불법행위"에 의한 정신적 고통

④ 이러한 구 일본제철의 원고들에 대한 행위는 당시 일본 정부의 한반도에 대한 불법적인 식민지배 및 침략전쟁의 수행과 직결된 반인도적인 불법행위에 해당하고, 이러한 불법행위로 인하여 원고들이 정신적 고통을 입었음은 경험칙상 명백하다.

• 청구권 협정은 불법 식민지배에 대한 배상 청구가 아니다.

(2) 앞서 본 청구권 협정의 체결 경과와 그 전후 사정, 특히 아래와 같은 사정들에 의하면, 청구권 협정은 일본의 불법적 식민지배에 대한 배상을 청구하기 위한 협상이 아니라 기본적으로 샌프란시스코 조약 제4조에 근거하여 한일 양국 간의 재정적·민사적 채권·채무 관계를 정치적 합의에 의하여 해결하기 위한 것이었다고 보인다.

① 앞서 본 것처럼, 전후 배상 문제를 해결하기 위하여 1951. 9. 8. 미국 등 연합국 48개국과 일본 사이에 체결된 샌프란시스코 조약 제4조(a)는 '일본의 통치로부터 이탈된 지역(대한민국도 이에 해당)의 시정 당국 및 그 국민과 일본 및 일본 국민 간의 재산상 채권·채무 관계는 이러한 당국과 일본 간의 특별약정으로써 처리한다'고 규정하였다.

② 샌프란시스코 조약이 체결된 이후 곧이어 제1차 한일회담(1952. 2. 15.부터 같은 해 4. 25.까지)이 열렸는데, 그때 한국 측이 제시한 8개 항목도 기본적으로 한일 양국 간의 재정적·민사적 채무 관계에 관한 것이었다. 위 8개 항목 중 제5항에 '피징

용한국인의 미수금, 보상금 및 기타 청구권의 변제청구'라는 문구가 있지만, 8개 항목의 다른 부분 어디에도 일본 식민지배의 불법성을 전제로 하는 내용은 없으므로, 위 제5항 부분도 일본 측의 불법행위를 전제로 하는 것은 아니었다고 보인다. 따라서 위 '피징용 한국인의 미수금, 보상금 및 기타 청구권의 변제청구'에 강제동원 위자료 청구권까지 포함된다고 보기는 어렵다.

③ 1965. 3. 20. 대한민국 정부가 발간한 '한일회담백서'(을 제18호증)에 의하면, 샌프란시스코 조약 제4조가 한일 간 청구권 문제의 기초가 되었다고 명시하고 있고, 나아가 "위 제4조의 대일 청구권은 승전국의 배상청구권과 구별된다. 한국은 샌프란시스코 조약의 조인 당사국이 아니어서 제14조 규정에 의한 승전국이 향유하는 '손해 및 고통' 에 대한 배상청구권을 인정받지 못하였다. 이러한 한일 간 청구권 문제에는 배상청구를 포함시킬 수 없다"는 설명까지 하고 있다.

④ 이후 실제로 체결된 청구권 협정문이나 그 부속서 어디에도 일본 식민지배의 불법성을 언급하는 내용은 전혀 없다. 청구권 협정 제2조 1.에서는 '청구권에 관한 문제가 샌프란시스코 조약 제4조(a)에 규정된 것을 포함하여 완전히 그리고 최종적으로 해결된 것'이라고 하여, 위 제4조(a)에 규정된 것 이외의 청구권도 청구권 협정의 적용 대상이 될 수 있다고 해석될 여지가 있기는 하다. 그러나 위와 같이 일본 식민지배의 불법성이 전혀 언급되어 있지 않은 이상, 위 제4조(a)의 범주를 벗어나는 청구권, 즉 식민지배의 불법성과 직결되는 청구권까지도 위 대상에 포함된다고 보기는 어렵다. 청구권 협정에 대한 합의의사록(Ⅰ) 2.(g)에서도 '완전히 그리고 최종적으로 해결되는 것'에 위 8개 항목의 범위에 속하는 청구가 포함되어 있다고 규정하였을 뿐이다.

⑤ 2005년 민관공동위원회도 '청구권 협정은 기본적으로 일본의 식민지배 배상을

청구하기 위한 것이 아니라 샌프란시스코 조약 제4조에 근거하여 한일 양국 간 재정적·민사적 채권·채무 관계를 해결하기 위한 것이다'라고 공식의견을 밝혔다.

• 한국이 행한 2회의 보상은 도의적 차원

(3) 청구권 협정 제1조에 따라 일본 정부가 대한민국 정부에 지급한 경제협력자금이 제2조에 의한 권리문제의 해결과 법적인 대가 관계가 있다고 볼 수 있는지도 분명하지 아니하다.

청구권 협정 제1조에서는 '3억 달러 무상 제공, 2억 달러 차관(유상) 실행'을 규정하고 있으나, 그 구체적인 명목에 대해서는 아무런 내용이 없다. 차관의 경우 일본의 해외경제협력기금에 의하여 행하여지는 것으로 하고, 위 무상 제공 및 차관이 대한민국의 경제 발전에 유익한 것이어야 한다는 제한을 두고 있을 뿐이다. 청구권 협정 전문에서 '청구권 문제 해결'을 언급하고 있기는 하나, 위 5억 달러(무상 3억 달러와 유상 2억 달러)와 구체적으로 연결되는 내용은 없다. 이는 청구권 협정에 대한 합의의사록(Ⅰ) 2.(g)에서 언급된 '8개 항목'의 경우도 마찬가지이다. 당시 일본측의 입장도 청구권 협정 제1조의 돈이 기본적으로 경제협력의 성격이라는 것이었고, 청구권 협정 제1조와 제2조 사이에 법률적인 상호 관계가 존재하지 않는다는 입장이었다.

2005년 민관공동위원회는, 청구권 협정 당시 정부가 수령한 무상자금 중 상당 금액을 강제동원 피해자의 구제에 사용하여야 할 '도의적 책임'이 있었다고 하면서, 1975년 청구권 보상법 등에 의한 보상이 '도의적 차원'에서 볼 때 불충분하였다고 평가하였다. 그리고 그 이후 제정된 2007년 희생자지원법 및 2010년 희생자지원법 모두 강제동원 관련 피해자에 대한 위로금이나 지원금의 성격이

'인도적 차원'의 것임을 명시하였다.

- 일본은 지배의 불법성을 인정하지 않았다.

(4) 청구권 협정의 협상 과정에서 일본 정부는 식민지배의 불법성을 인정하지

않은 채, 강제동원 피해의 법적 배상을 원천적으로 부인하였고, 이에 따라 한일

양국의 정부는 일제의 한반도 지배의 성격에 관하여 합의에 이르지 못하였다.

이러한 상황에서 강제동원 위자료 청구권이 청구권 협정의 적용 대상에 포함되

었다고 보기는 어렵다. 청구권 협정의 일방 당사자인 일본 정부가 불법행위의

존재 및 그에 대한 배상 책임의 존재를 부인하는 마당에, 피해자 측인 대한민국

정부가 스스로 강제동원 위자료 청구권까지도 포함된 내용으로 청구권 협정을

체결하였다고 보이지는 않기 때문이다.

(5) 환송 후 원심에서 피고가 추가로 제출한 증거들도, 강제동원 위자료 청구권

이 청구권 협정의 적용 대상에 포함되지 않는다는 위와 같은 판단에 지장을 준

다고 보이지 않는다. 위 증거들에 의하면, 1961. 5. 10. 제5차 한일회담 예비회

담 과정에서 대한민국 측이 '다른 국민을 강제적으로 동원함으로써 입힌 피징용

자의 정신적·육체적 고통에 대한 보상'을 언급한 사실, 1961. 12. 15. 제6차 한

일회담 예비회담 과정에서 대한민국 측이 '8개 항목에 대한 보상으로 총 12억

2000만 달러를 요구하면서, 그중 3억 6400만 달러(약 30%)를 강제동원 피해 보

상에 대한 것으로 산정(생존자 1인당 200달러, 사망자 1인당 1650달러, 부상자 1인당 2000달러 기

준)'한 사실 등을 알 수 있기는 하다.

그러나 위와 같은 발언 내용은 대한민국이나 일본의 공식 견해가 아니라 구체적

인 교섭 과정에서 교섭 담당자가 한 말에 불과하고, 13년에 걸친 교섭 과정에서

일관되게 주장되었던 내용도 아니다. '피징용자의 정신적·육체적 고통'을 언급한

것은 협상에서 유리한 지위를 점하려는 목적에서 비롯된 발언에 불과한 것으로 볼 여지가 크고, 실제로 당시 일본 측의 반발로 제5차 한일회담 협상은 타결되지도 않았다. 또한 위와 같이 협상 과정에서 총 12억 2000만 달러를 요구하였음에도 불구하고 정작 청구권 협정은 3억 달러(무상)로 타결되었다. 이처럼 요구액에 훨씬 미치지 못하는 3억 달러만 받은 상황에서 강제동원 위자료 청구권도 청구권 협정의 적용 대상에 포함된 것이라고는 도저히 보기 어렵다.

다. 환송 후 원심이 이와 같은 취지에서, 강제동원 위자료 청구권은 청구권 협정의 적용 대상에 포함되지 않는다고 판단한 것은 정당하다. 거기에 상고 이유 주장과 같이 청구권 협정의 적용 대상과 효력에 관한 법리를 오해하는 등의 위법이 없다. 한편 피고는 이 부분 상고 이유에서, 강제동원 위자료 청구권이 청구권 협정의 적용 대상에 포함된다는 전제 하에, 청구권 협정으로 포기된 권리가 국가의 외교적 보호권에 한정되어서만 포기된 것이 아니라 개인 청구권 자체가 포기(소멸)된 것이라는 취지의 주장도 하고 있으나, 이 부분은 환송 후 원심의 가정적 판단에 관한 것으로서 더 나아가 살펴볼 필요 없이 받아들일 수 없다.

5. 상고 이유 제4점에 관하여 (생략)

6. 상고 이유 제5점에 관하여 (생략)

7. 결론

그러므로 상고를 모두 기각하고, 상고 비용은 패소자가 부담하도록 하여, 주문과 같이 판결한다. (이하 생략)

자료 2

2010년 일한(日韓) 지식인 공동성명 일본 측 서명자 540명

No.	분류	이름		발기인	소속·직업
		한자	한글		
1	작가·예술가·영화감독	赤川次郎	아카가와 지로		작가
2	작가·예술가·영화감독	石川逸子	이시카와 이쓰코		시인
3	작가·예술가·영화감독	井出孫六	이데 마고로쿠		작가
4	작가·예술가·영화감독	大江健三郎	오에 겐자부로		작가
5	작가·예술가·영화감독	鎌田 慧	가마다 사토시		르포르타주 작가
6	작가·예술가·영화감독	金 石範	김석범		작가
7	작가·예술가·영화감독	高 史明	고사명		작가
8	작가·예술가·영화감독	佐高 信	사타카 마코토		작가
9	작가·예술가·영화감독	澤地久枝	사와치 히사에		논픽션 작가
10	작가·예술가·영화감독	鶴見俊輔	쓰루미 슌스케		철학자
11	작가·예술가·영화감독	中野利子	나카노 도시코		에세이 작가
12	작가·예술가·영화감독	朴 慶南	박경남		작가
13	작가·예술가·영화감독	針生一郎	하리우 이치로		미술평론가
14	작가·예술가·영화감독	宮田毬栄	미야타 마리에		문필가
15	작가·예술가·영화감독	森崎和江	모리사키 가즈에		시인
16	작가·예술가·영화감독	梁 石日	양석일		작가
17	작가·예술가·영화감독	李 恢成	이회성		작가
18	작가·예술가·영화감독	阿伊染德美	아이젠 도쿠미		화가
19	작가·예술가·영화감독	喜納昌吉	기나 쇼키치		음악가
20	작가·예술가·영화감독	沢 知恵	사와 도모에		싱어송 라이터

21	작가·예술가·영화감독	高橋悠治	다카하시 유지		음악가
22	작가·예술가·영화감독	崔 善愛	최선애		피아니스트
23	작가·예술가·영화감독	富山妙子	도미야마 다에코		화가
24	작가·예술가·영화감독	玄 順恵	현순혜		수묵화가
25	작가·예술가·영화감독	池田博穂	이케다 히로오		영화감독
26	작가·예술가·영화감독	井筒和幸	이즈쓰 가즈유키		영화감독
27	작가·예술가·영화감독	伊藤孝史	이토 다카시		포토 저널리스트
28	작가·예술가·영화감독	鄭 義信	정의신		각본가
29	작가·예술가·영화감독	前田憲二	마에다 겐지		영화감독
30	역사가	荒井信一	아라이 신이치	○	이바라키대학 명예교수
31	역사가	井口和起	이구치 가즈키	○	교토부립대학 명예교수
32	역사가	石山久男	이시야마 히사오		역사교육자협의회 회원
33	역사가	李 成市	이성시	○	와세다대학 교수
34	역사가	板垣雄三	이타가키 유조		도쿄대학 명예교수
35	역사가	井上勝生	이노우에 가쓰오	○	홋카이도대학 명예교수
36	역사가	上田正昭	우에다 마사아키		교토대학 명예교수
37	역사가	内海愛子	우쓰미 아이코	○	와세다대학 대학원 객원교수
38	역사가	太田 修	오타 오사무	○	도시샤대학 교수
39	역사가	糟谷憲一	가스야 겐이치	○	히토쓰바시대학 교수
40	역사가	鹿野政直	가노 마사나오	○	와세다대학 명예교수
41	역사가	加納実紀代	가노 미키요		게이와쿠인대학 교수
42	역사가	姜 徳相	강덕상		시가현립대학 명예교수
43	역사가	木畑洋一	기바타 요이치		이바라키대학 교수
44	역사가	君島和彦	기미시마 가즈히코		서울대학교

45	역사가	金 文子	김문자		역사가
46	역사가	小谷汪之	고타니 히로유키		슈토대학
47	역사가	小林知子	고바야시 도모코		후쿠오카교육대학 준교수
48	역사가	高崎宗司	다카사키 소지	○	쓰다주쿠대학 교수
49	역사가	趙 景達	조경달	○	지바대학 교수
50	역사가	外村 大	도노무라 마사루		도쿄대학 준교수
51	역사가	中塚 明	나카쓰카 아키라	○	나라여자대학 명예교수
52	역사가	中野 聡	나카노 사토시		히토쓰바시대학 교수
53	역사가	中村政則	나카무라 마사노리	○	히토쓰바시대학 명예교수
54	역사가	成田龍一	나리타 류이치		일본여자대학 교수
55	역사가	林 雄介	하야시 유스케		메이세이대학 교수
56	역사가	樋口雄一	히구치 유이치		고려박물관장
57	역사가	藤澤房俊	후지사와 후사토시		도쿄경제대학 교수
58	역사가	藤永 壯	후지나가 다케시		오사카산업대학 교수
59	역사가	松尾尊兊	마쓰오 다카요시		교토대학 명예교수
60	역사가	水野直樹	미즈노 나오키		교토대학 인문과학연구소 교수
61	역사가	三谷太一郎	미타니 다이치로		정치학자
62	역사가	南塚信吾	미나미즈카 신고		호세이대학 교수
63	역사가	宮嶋博史	미야지마 히로시		성균관대학교 교수
64	역사가	宮地正人	미야치 마사토		도쿄대학 명예교수
65	역사가	宮田節子	미야타 세쓰코	○	역사학자
66	역사가	百瀬 宏	모모세 히로시		쓰다주쿠대학 명예교수
67	역사가	山口啓二	야마구치 게이지		역사연구자/전 일조(日朝)협회 회장
68	역사가	山崎朋子	야마자키 도모코		여성사연구가

69	역사가	山田昭次	야마다 쇼지	○	릿쿄대학 명예교수
70	역사가	油井大三郎	유이 다이자부로		도쿄여자대학 교수
71	역사가	吉澤文寿	요시자와 후미토시		니카타 국제정보대학 준교수
72	역사가	吉野 誠	요시노 마코토		도카이대학 교수
73	역사가	吉見義明	요시미 요시아키		츄오대학 교수
74	역사가	李 進熙	이진희		와코대학 명예교수
75	역사가	和田春樹	와다 하루키		도쿄대학 명예교수
76	역사가	伊集院立	이쥬인 리쓰		호세이대학 교수
77	역사가	寺田光雄	데라다 미쓰오		사이타마대학 명예교수
78	역사가	木村茂光	기무라 시게미쓰		도쿄 학예대학 교수
79	역사가	塚田 勲	쓰카다 이사오		역사학연구회 회원
80	역사가	米谷匡史	요네타니 마사후미		도쿄 외국어대학 교원
81	역사가	深谷克己	후카야 가쓰미		와세다대학 명예교수
82	역사가	須田 努	스다 쓰토무		메이지대학 준교수
83	역사가	山本直美	야마모토 나오미		역사교육자협의회 회원
84	역사가	石田 憲	이시다 겐		지바대학 교수
85	역사가	高橋昌明	다카하시 마사아키		고베대학 명예교수
86	역사가	辺 英浩	변영호		쓰루분카대학 교수
87	역사가	新田康二	닛타 고지		역사교육자협의회 회원
88	역사가	三ツ井崇	미쓰이 다카시		도쿄대학 준교수
89	역사가	田中正敬	다나카 마사타카		센슈대학 교수
90	역사가	康 成銀	강성은		조선대학교 교수
91	역사가	辻 弘範	쓰지 히로노리		홋카이가쿠인대학 준교수
92	역사가	広瀬貞三	히로세 데이조		후쿠오카대학 교수

93	역사가	鈴木靖民	스즈키 야스타미		고쿠가쿠인대학 교수
94	역사가	姜 在彦	강재언		전 하나노조대학 객원교수
95	역사가	岡百合子	오카 유리코		역사가
96	역사가	原 朗	하라 아키라		도쿄대학 명예교수
97	역사가	比屋根照夫	히야네 데루오		류큐대학 명예교수
98	역사가	飯田泰三	이다 다이조		시마네현립대학 교수
99	역사가	宮田光雄	미야타 미쓰오		도호쿠대학 명예교수
100	역사가	小島晋治	고지마 신지		도쿄대학 명예교수
101	역사가	芝原拓自	시바하라 다쿠지		오사카대학 명예교수
102	역사가	青野正明	아오노 마사아키		모모야마가쿠인대학 교수
103	역사가	原田敬一	하라다 게이이치		붓쿄대학 교수
104	역사가	色川大吉	이로카와 다이키치		도쿄 경제대학 명예교수
105	역사가	松永育男	마쓰나가 이쿠오		역사교육자협의회 회원
106	역사가	石川亮太	이시카와 료타		사가대학 준교수
107	역사가	中村平治	나카무라 헤이지		도쿄 외국어대학 명예교수
108	역사가	笠原十九司	가사하라 토쿠시		츠루분카대학 명예교수
109	역사가	洪 宗郁	홍종욱		도시샤대학 준교수
110	역사가	衣斐義之	이비 요시유키		향토사가
111	역사가	庵逧由香	안자코 유카		리쓰메이칸대학 준교수
112	역사가	大橋幸泰	오하시 유키히로		와세다대학 준교수
113	역사가	高木博義	다카기 히로요시		게이신학원 직원
114	역사가	今井清一	이마이 세이이치		요코하마시립대학 명예교수
115	역사가	坂本 昇	사카모토 노보루		역사교육자협의회 부위원장
116	역사가	木村 誠	기무라 마코토		슈토대학 교수

117	역사가	柳澤 治	야나기자와 오사무		도쿄도립대학 명예교수
118	역사가	瀧澤秀樹	다키자와 히데키		오사카상업대학 교수
119	역사가	池内 敏	이케우치 사토시		나고야대학 교수
120	역사가	李 景珉	이경민		삿포로대학 교수
121	역사가	荻野富士夫	오기노 후지오		오타루상과대학 명예교수
122	역사가	伊地知紀子	이치지 노리코		에히메대학 조선지역 연구
123	역사가	駒込 武	고마고메 다케시		교토대학 교원
124	역사가	長志珠絵	오사 시즈에		고베시 외국어대학 준교수
125	역사가	宇野田直哉	우노다 나오야		고베대학 준교수
126	역사가	坂本悠一	사카모토 유이치		규슈국제대학 교수
127	역사가	林 博史	하야시 히로시		간토가쿠인대학 교수
128	역사가	斎藤一晴	사이토 가즈하루		메이지가쿠인대학 강사
129	역사가	本庄十喜	혼죠 도키		간토가쿠인대학 강사
130	역사가	古川宣子	후루카와 노부코		다이토문화대학 준교수
131	역사가	酒井裕美	사카이 히로미		오사카대학 강사
132	역사가	近江吉明	오우미 요시아키		센슈대학 교수
133	역사가	坂元ひろ子	사카모토 히로코		히토쓰바시대학 교수
134	역사가	鶴園 裕	쓰루조노 유타카		가나자와대학 교수
135	역사가	廣岡浄進	히로오카 기요노부		오사카관광대학 강사
136	역사가	池 亨	이케 스스무		히토쓰바시대학 교수
137	역사가	貫井正之	누키이 마사유키		나고야 외국어대학 강사
138	역사가	小林英夫	고바야시 히데오		와세다대학 교수
139	역사가	権 純哲	권순철		사이타마대학 교수
140	역사가	吉田 裕	요시다 유타카		히토쓰바시대학 교수

141	역사가	矢沢康祐	야자와 고스케		센슈대학 명예교수
142	역사가	源川真希	미나가와 마사키		슈토대학 교수
143	역사가	古畑 徹	후루하타 도오루		가나자와대학 교수
144	역사가	若尾政希	와카오 마사키		히토쓰바시대학 교수
145	역사가	堀口詩織	호리쿠치 시오리		역사과학협의회 사무서기
146	역사가	竹内光浩	다케우치 미쓰히로		센슈대학 비상근 강사
147	역사가	藤田明良	후지타 아키요시		덴리대학 교수
148	역사가	谷ヶ城秀吉	야가시로 히데요시		릿쿄대학 경제학부 조교
149	역사가	佐々木隆爾	사사키 류지		도쿄도립대학 명예교수
150	역사가	青柳周一	아오야기 슈이치		시가대학 경제학부 준교수
151	역사가	大平 聡	오히라 사토시		미야기가쿠인여자대학 교원
152	역사가	米田佐代子	요네다 사요코		여성사연구자
153	역사가	永原陽子	나가하라 요코		도쿄 외국어대학 교수
154	역사가	近藤成一	곤도 시게카즈		도쿄대학 교수
155	역사가	鎌倉佐保	가마쿠라 사호		도쿄대학 사료편찬소 특임 연구원
156	역사가	大門正克	오카도 마사카쓰		요코하마국립대학 교수
157	역사가	永岑三千輝	나가미네 미치테루		요코하마시립대학 교수
158	역사가	光成準治	미쓰나리 준지		스즈카미녜여자단기대학
159	역사가	川岡 勉	가와오카 쓰토무		에히메대학 교수
160	역사가	新藤通弘	신도 미치히로		죠사이대학 비상근 강사
161	역사가	長島 弘	나가시마 히로시		나가사키현립대학 특임 교수
162	역사가	大塚英二	오쓰카 에이지		에히매현립대학 교수
163	역사가	川合 康	가와이 야스시		니혼대학 교수
164	역사가	菌部寿樹	소노베 도시키		야마가타현립대학 교수

165	역사가	浅井良夫	아사이 요시오	세이조대학 교수
166	역사가	服藤早苗	후쿠토 사나에	사이타마가쿠인대학
167	역사가	藤岡寛己	후지오카 히로미	후쿠오카국제대학 교원
168	역사가	河西英通	가와니시 히데미치	히로시마대학 교수
169	역사가	林 幸司	하야시 고지	히토쓰바시대학 경제연구소
170	역사가	清水 透	시미즈 도오루	게이오기주쿠대학 명예교수
171	역사가	三宅明正	미야케 아키마사	지바대학 교수
172	역사가	堀 新	호리 신	공립여자대학 교수
173	역사가	外岡慎一郎	도노오카 신이치로	쓰루가 단기대학 교수
174	역사가	趙 寛子	조관자	주부대학 준교수
175	역사가	上杉 忍	우에스기 시노부	홋카이가쿠인대학 교수
176	역사가	中小路純	나카코지 준	전 분쿄대학 강사
177	역사가	佐々木洋子	사사키 요코	오비히로축산대학 교원
178	역사가	野村育世	노무라 이쿠요	역사가
179	역사가	斉藤利男	사토 도시오	히로사키대학 교수
180	역사가	猪飼隆明	이카이 다카아키	오사카대학 명예교수
181	역사가	加瀬和俊	가세 가즈토시	도쿄대학 교수
182	역사가	伊藤正子	이토 마사코	교토대학 아시아-아프리카 지역 연구 연구과
183	역사가	町田 哲	마치다 데쓰	나루토 교육대학 준교수
184	역사가	橋本 雄	하시모토 유	홋카이도대학 준교수
185	역사가	井上久士	이노우에 히사시	스루가다이대학 교수
186	역사가	金子文夫	가네코 후미오	요코하마시립대학 교수
187	역사가	西 秀成	니시 히데나리	아이치현사편찬위원회 특별조정위원
188	역사가	梅村 喬	우메무라 다카시	오사카대학 명예교수

189	역사가	山領健二	야마료 겐지	간다외국어대학 명예교수
190	역사가	松本通孝	마쓰모토 미치타카	아오야마가쿠인대학 강사
191	역사가	伊藤敏雄	이토 도시오	오사카교육대학
192	역사가	平子友長	다이라코 도모나가	히토쓰바시대학 교수
193	역사가	森村敏己	모리무라 도시미	히토쓰바시대학 교수
194	역사가	内田知行	우치다 도모유키	다이토 문화대학 교원
195	역사가	秋山晋吾	아키야마 신고	히토쓰바시대학 준교수
196	역사가	仁木 宏	니키 히로시	오사카시립대학 교수
197	역사가	松尾 寿	마쓰오 히사시	시마네대학 명예교수
198	역사가	臼杵 陽	우스키 아키라	일본여자대학 문학부 교수
199	역사가	山口公一	야마구치 고이치	오테몬가쿠인대학 준교수
200	역사가	深澤安博	후카사와 야스히로	이바라키대학 교수
201	역사가	井本三夫	이모토 미쓰오	전(前) 이바라키대학 이학부 교수
202	역사가	浅井義弘	아사이 요시히로	오사카역사교육자협의회 이사국장
203	역사가	広瀬玲子	히로세 레이코	홋카이도정보대학 교수
204	역사가	鈴木織恵	스즈키 오리에	역사과학협의회 회원
205	역사가	藤田昌士	후지타 쇼지	전(前) 릿쿄대학 교수
206	역사가	小林瑞乃	고바야시 미즈노	아오야마가쿠인여자단기대학 강사
207	역사가	松尾章一	마쓰오 쇼이치	호세이대학 명예교수
208	역사가	古庄 正	고쇼 다다시	고마자와대학 명예교수
209	역사가	貴堂嘉之	기도 요시유키	히토쓰바시대학 교수
210	역사가	木村 元	기무라 겐	히토쓰바시대학 교수
211	역사가	北島万次	기타지마 하지메	전(前) 공립여자대학 교수
212	역사가	藤間生大	도마 세이타	전(前) 구마모토가쿠인대학 교수

213	역사가	遠藤基郎	엔도 모토오		도쿄대학 사료편찬소 준교수
214	역사가	井上直樹	이노우에 나오키		교토부립대학 교수
215	역사가	小南浩一	고미나미 고이치		호쿠리쿠대학 교수
216	역사가	長沼正昭	나가누마 마사아키		니혼대학 교수
217	역사가	七海雅人	나나미 마사토		도호쿠가쿠인대학 준교수
218	역사가	井上和枝	이노우에 가즈에		가고시마국제대학 교수
219	역사가	浅田進史	아사다 신지		슈토대학 조교
220	역사가	山田 渉	야마다 쇼		미야자키대학 강사
221	역사가	西村汎子	니시무라 히로코		시라우메가쿠인단기대학 명예교수
222	역사가	村上史郎	무라카미 시로		전(前) 게이오대학 비상근 교수
223	역사가	渡辺 司	와타나베 쓰카사		도쿄농공대학 준교수
224	역사가	小山由紀子	오야마 유키코		니가타국제정보대학 교수
225	역사가	馬渕貞利	마부치 사다요시		도쿄학예대학 교수
226	역사가	竹永三男	다케나가 미쓰오		시마네대학 교수
227	역사가	朴 宗根	박종근		역사가
228	역사가	堀田慎一郎	호리타 신이치로		나고야대학 조교
229	역사가	北原スマ子	기타하라 스마코		역사가
230	역사가	佐藤伸雄	사토 노부오		전(前) 역사교육자협의회 위원장
231	역사가	古谷 博	후로타니 히로시		역사교육자협의회 회원
232	역사가	浅川 保	아사카와 다모쓰		야마나시 역사교육자협의회 회장
233	역사가	中内輝彦	나카우치 데루히코		도쿠시마현 역사교육자협의회 회장
234	역사가	三橋広夫	미쓰하시 히로오		일본복지대학 교수
235	역사가	白鳥晃司	시라토리 고지		역사교육자협의회 부위원장
236	역사가	桜井千恵美	사쿠라이 치에미		역사교육자협의회 상임위원

237	역사가	大野一夫	오노 가즈오		역사교육자협의회 사무국장
238	역사가	李 熒娘	이형랑		주오대학 교수
239	역사가	堀 和生	호리 가즈오		교토대학 교수
240	역사가	酒井芳司	사카이 요시지		후쿠오카현립 아시아문화교류센터 연구원
241	역사가	吉田光男	요시다 미쓰오		방송대학 교수
242	역사가	広瀬健夫	히로세 다케오		전(前) 신슈대학 교수
243	역사가	劉 孝鐘	류효종		와코대학 교수
244	역사가	藤本和貴夫	후지모토 와키오		오사카경제법과대학 교수
245	역사가	宋 連玉	송연옥		아오야마가쿠인대학 교수
246	역사가	北原 敦	기타하라 아쓰시		홋카이도대학 명예교수
247	역사가	三宅 立	미야케 다쓰루		전(前) 메이지대학 교수
248	역사가	金 成浩	김성호		류큐대학 교수
249	역사가	大沼久夫	오누마 히사오		교아이가쿠인
250	역사가	高野清弘	다카노 기요히로		고난대학 교수
251	역사가	片野真佐子	가타노 마사코		오사카경제대학 교수
252	역사가	石田勇治	이시다 유지		도쿄대학 교수
253	역사가	松沢哲成	마쓰자와 뎃세이		일본일용직(寄せ場)학회 운영위원
254	역사가	阪東 宏	반도 히로시		메이지대학 명예교수
255	역사가	李 省展	이성전		게이센조시가쿠인대학 교수
256	역사가	小沢弘明	오자와 히로아키		지바대학 교수
257	역사가	高嶋伸欣	다카시마 노부요시		류큐대학 명예교수
258	역사가	新井勝紘	아라이 가쓰히로		센슈대학 교수
259	역사가	黒瀬郁二	구로세 유지		가고시마국제대학 교수
260	역사가	宇野俊一	우노 슌이치		지바대학 명예교수

261	역사가	加納 格	가노 다다시		호세이대학 교수
262	학자 · 연구가	荒井 献	아라이 사사구		도쿄대학 명예교수
263	학자 · 연구가	石坂浩一	이시자카 고이치	○	릿쿄대학 준교수
264	학자 · 연구가	石田 雄	이시다 다케시		도쿄대학 명예교수
265	학자 · 연구가	李 順愛	이순애		와세다대학 강사
266	학자 · 연구가	出水 薫	이즈미 가오루		규슈대학 교수
267	학자 · 연구가	李 鍾元	이종원	○	릿쿄대학 교수
268	학자 · 연구가	伊藤成彦	이토 나리히코		주오대학 명예교수
269	학자 · 연구가	上杉 聰	우에스기 사토시		오사카시립대학 교수
270	학자 · 연구가	沖浦和光	오키우라 가즈테루		모모야마가쿠인대학 명예교수
271	학자 · 연구가	川村 湊	가와무라 미나토		문예평론가
272	학자 · 연구가	姜 尚中	강상중		도쿄대학 교수
273	학자 · 연구가	小森陽一	고모리 요이치	○	도쿄대학 교수
274	학자 · 연구가	坂元義和	사카모토 요시카즈		도쿄대학 명예교수
275	학자 · 연구가	笹川紀勝	사사카와 노리카쓰		메이지대학 교수
276	학자 · 연구가	進藤榮一	신도 에이이치		쓰쿠바대학 명예교수
277	학자 · 연구가	鈴木道彦	스즈키 미치히코		됴쿄대학 명예교수
278	학자 · 연구가	徐 京植	서경식		작가
279	학자 · 연구가	高橋哲哉	다카하시 데쓰야		도쿄대학 교수
280	학자 · 연구가	田中 宏	다나카 히로시		히토쓰바시대학 명예교수
281	학자 · 연구가	仲尾 宏	나카오 히로시		교토조형예술대학 객원 교수
282	학자 · 연구가	中山弘正	나카야마 히로마사		메이지가쿠인대학 명예교수
283	학자 · 연구가	朴 一	박일		오사카시립대학 교수
284	학자 · 연구가	平川 均	히라카와 히토시		나고야대학 교수

285	학자 · 연구가	布袋敏博	호테이 도시히로		와세다대학 교수
286	학자 · 연구가	宮崎 勇	미야자키 이사무		경제학자
287	학자 · 연구가	文 京洙	문경수		리쓰메이칸대학 교수
288	학자 · 연구가	姜 英之	강영지		동아시아 종합연구소 이사장
289	학자 · 연구가	渡辺一民	와타나베 이치민		릿쿄대학 명예교수
290	학자 · 연구가	鵜飼 哲	우카이 사토시		히토쓰바시대학 교수
291	학자 · 연구가	毛利和子	모리 가즈코		와세다대학 명예교수
292	학자 · 연구가	裵 敬隆	배경륭		시가현립대학 강사
293	학자 · 연구가	菱木一美	히시키 가즈요시		히로시마슈도대학 명예교수
294	학자 · 연구가	宮本憲一	미야모토 겐이치		오사카시립대학 명예교수
295	학자 · 연구가	暉峻淑子	데루오카 이쓰코		사이타마대학 명예교수
296	학자 · 연구가	田中克彦	다나카 가쓰히코		히토쓰바시대학 명예교수
297	학자 · 연구가	新崎盛暉	아라사키 모리테루		오키나와대학 명예교수
298	학자 · 연구가	浅井基文	아사이 모토후미		히로시마 평화연구소 소장
299	학자 · 연구가	永野慎一郎	나가노 신이치로		다이토문화대학 명예교수
300	학자 · 연구가	樋口陽一	히구치 요이치		헌법 전공자
301	학자 · 연구가	森 義宣	모리 요시노부		사가대학 준교수
302	학자 · 연구가	最上敏樹	모가미 도시키		국제기독교대학 교수
303	학자 · 연구가	板倉聖宣	이타쿠라 기요노부		국립교육연구소 명예교원
304	학자 · 연구가	二谷貞夫	니타니 사다오		조에쓰교육대학 명예교수
305	학자 · 연구가	加藤 節	가토 다카시		세이케이대학 교수
306	학자 · 연구가	四方田犬彦	요모타 이누히코		메이지가쿠인대학 교수
307	학자 · 연구가	塩沢美代子	시오자와 미요코		여자노동문제연구가
308	학자 · 연구가	石黒 圭	이시구로 게이		히토쓰바시대학 준교수

309	학자·연구가	村井吉敬	무라이 요시노리		와세다대학 교수
310	학자·연구가	西川 潤	니시카와 준		와세다대학 명예교수
311	학자·연구가	李愛俐娥	리 애리아		도쿄대학 현대 한국 연구센터 특임교수
312	학자·연구가	海老坂武	에비사카 다케시		프랑스문학자
313	학자·연구가	北沢洋子	기타자와 요코		국제문제평론가
314	학자·연구가	野崎充彦	노자키 미쓰히코		오사카시립대학 교수
315	학자·연구가	西尾達雄	니시오 다쓰오		홋카이도대학 교수
316	학자·연구가	徐 龍達	서용달		모모야마가쿠인대학 명예교수
317	학자·연구가	康 宗憲	강종헌		한국문제연구소 대표
318	학자·연구가	間宮陽介	마미야 요스케		교토대학 교수
319	학자·연구가	古川美佳	후루카와 미카		한국미술문화연구
320	학자·연구가	山口 定	야마구치 야스시		오사카시립대학 명예교수
321	학자·연구가	尹 健次	윤건차		가나가와대학 교수
322	학자·연구가	坂井俊樹	사카이 도시키		도쿄학예대학 명예교수
323	학자·연구가	荒川 讓	아라카와 조		가고시마대학 명예교수
324	학자·연구가	磯崎典世	이소자키 노리요		가쿠슈인대학 교수
325	학자·연구가	河合和男	가와이 가즈오		나라산업대학 교수
326	학자·연구가	杉原 達	스기하라 도오루		오사카대학 교수
327	학자·연구가	鈴木文子	스즈키 후미코		붓쿄대학 교수
328	학자·연구가	李 泳采	이영채		게이센조시가쿠인대학 강사
329	학자·연구가	桜井国俊	사쿠라이 구니토시		오키나와대학 교수
330	학자·연구가	波多野節子	하타노 세쓰코		니가타현립대학 교수
331	학자·연구가	山本義彦	야마모토 요시히코		시즈오카대학 명예교수
332	학자·연구가	水野邦彦	미즈노 구니히코		홋카이가쿠인대학 교수

333	학자·연구가	小瑶史朗	고다마 후미아키		히로사키대학 강사
334	학자·연구가	杉田 聡	스기타 사토시		오비히로축산대학 교수
335	학자·연구가	林 大樹	하야시 히로키		히토쓰바시대학 교원
336	학자·연구가	內藤光博	나이토 미쓰히로		센슈대학 교원
337	학자·연구가	清水竹人	시미즈 다케토		오비린대학 교원
338	학자·연구가	平山令二	히라야마 레이지		주오대학 교수
339	학자·연구가	関本英太郎	세키모토 에이타로		도호쿠대학 교수
340	학자·연구가	岩崎 稔	이와자키 미노루		도쿄외국어대학 교수
341	학자·연구가	梁 官洙	양관수		오사카경제법과대학 교수
342	학자·연구가	金 栄鎬	김영호		히로시마시립대학 준교수
343	학자·연구가	李 静和	이정화		세이케이대학 교수
344	학자·연구가	中田康彦	나카타 야스히코		히토쓰바시대학 준교수
345	학자·연구가	千葉 真	지바 신		국제기독교대학 교수
346	학자·연구가	武者小路公秀	무샤코지 긴히데		오사카경제법과대학 아시아태평양연구센터 소장
347	학자·연구가	古関彰一	고세키 쇼이치		도쿄대학 교수
348	학자·연구가	李 素玲	이소영		니혼대학 강사
349	학자·연구가	戸塚秀夫	도쓰카 히데오		도쿄대학 명예교수
350	학자·연구가	尾花 清	오바나 기요시		다이토문화대학 교수
351	학자·연구가	栗原 彬	구리하라 아키라		릿쿄대학 명예교수
352	학자·연구가	安 宇植	안우식		오비린대학 명예교수
353	학자·연구가	西田 勝	니시다 마사루		식민지문화학회 대표
354	학자·연구가	井上輝子	이노우에 데루코		와코대학 교수
355	학자·연구가	岩間曉子	이와마 아키코		릿쿄대학 교수
356	학자·연구가	松枝 到	마쓰에다 이타루		와코대학 교수

357	학자·연구가	挽地康彦	히키치 야스히코		와코대학 교수
358	학자·연구가	鄭 暎恵	정영혜		오즈마여자대학 교수
359	학자·연구가	竹中恵美子	다케나카 에미코		오사카시립대학 명예교수
360	학자·연구가	遠藤誠治	엔도 세이지		세이케이대학 교수
361	학자·연구가	戸塚悦朗	도쓰카 에쓰로		리쓰메이칸대학 코리아연구센터 특별연구원
362	학자·연구가	田中利幸	다나카 도시유키		히로시마 평화연구소 교수
363	학자·연구가	三橋 修	미하시 오사무		와코대학 명예교수
364	학자·연구가	金 聖哲	김성철		히로시마 평화연구소 교수
365	학자·연구가	李 鋼哲	이강철		호쿠리쿠대학 미래창조학부 교수
366	학자·연구가	上村英明	우에무라 히데아키		게이센조시가쿠인대학 교수
367	학자·연구가	堀 芳枝	호리 요시에		게이센조시가쿠인대학 교수
368	학자·연구가	山下英愛	야마시타 영애		리쓰메이칸대학 비상근 강사
369	학자·연구가	阿部浩己	아베 고키		가나가와대학 교수
370	학자·연구가	西原廉太	니시하라 렌타		릿쿄대학 부학장
371	학자·연구가	高柳俊男	다카야나기 도시오		호세이대학 국제문화학부 교수
372	학자·연구가	小牧輝夫	고마키 데루오		고쿠시칸대학 교수
373	학자·연구가	西村 誠	니시무라 마코토		나가노현단기대학 교수
374	학자·연구가	西村裕美	니시무라 히로미		릿쿄대학 교수
375	학자·연구가	佐野通夫	사노 미치오		어린이교육보선대학 교수
376	학자·연구가	近藤邦康	곤도 구니야스		도쿄대학 명예교수
377	학자·연구가	金 泰明	김태명		오사카경제법과대학 교수
378	학자·연구가	寺園喜基	데라조노 요시키		규슈대학 명예교수
379	학자·연구가	小川圭治	오가와 게이지		쓰쿠바대학 명예교수
380	학자·연구가	山本俊正	야마모토 도시마사		간사이가쿠인대학 교수

381	변호사 등	高木健一	다카기 겐이치		변호사
382	변호사 등	李 宇海	이우해		변호사
383	변호사 등	内田雅敏	우치다 마사토시		변호사
384	변호사 등	金 優	김우		의학박사
385	변호사 등	黒岩哲雄	구로이와 데쓰오		변호사
386	변호사 등	床井 茂	도코이 시게루		변호사
387	변호사 등	松田生朗	마쓰다 이쿠로		변호사
388	변호사 등	南 典男	미나미 노리오		변호사
389	변호사 등	梁 英子	양영자		변호사
390	저널리스트 · 출판	青木 理	아오키 오사무		저널리스트
391	저널리스트 · 출판	石井昭男	이시이 아키오		저널리스트
392	저널리스트 · 출판	今津 弘	이마쓰 히로시		전(前)아사히신문 논설 부주간
393	저널리스트 · 출판	岩垂 弘	이와다레 히로시		저널리스트
394	저널리스트 · 출판	魏 良福	위양복		청구문화사(青丘文化社) 편집자
395	저널리스트 · 출판	大石 進	오이시 스스무		전(前) 일본평론사 대표
396	저널리스트 · 출판	岡本 厚	오카모토 아쓰시		잡지『세카이』편집장
397	저널리스트 · 출판	小田川興	오다가와 고		전(前) 아사히신문 편집위원
398	저널리스트 · 출판	斎藤貴男	사이토 다카오		저널리스트
399	저널리스트 · 출판	長沼節夫	나가누마 세쓰오		저널리스트
400	저널리스트 · 출판	中村輝子	나카무라 데루코		저널리스트
401	저널리스트 · 출판	波佐場清	하사바 기요시		전(前)아사히신문 편집위원
402	저널리스트 · 출판	羽田ゆみ子	하타 유미코		나시노키샤(梨の木舎) 사장
403	저널리스트 · 출판	原 寿雄	하라 도시오		저널리스트
404	저널리스트 · 출판	前田哲男	마에다 데쓰오		저널리스트

405	저널리스트 · 출판	松本昌次	마쓰모토 마사쓰구	가게쇼보(影書房) 편집자
406	저널리스트 · 출판	山室英男	야마무로 히데오	전(前) NHK 해설 위원장
407	사회활동가	重藤 都	시게토 미야코	도쿄 일조(日朝) 여성의 모임 사무장
408	사회활동가	清水澄子	시미즈 스미코	일조(日朝) 국교 정상화 연락회 대표 위원
409	사회활동가	末本雛子	스에모토 히나코	일조(日朝) 우호촉진 교토부인회의 대표
410	사회활동가	俵 義文	다와라 요시후미	아이와 교과서 국네트워크21 사무국장
411	사회활동가	永久睦子	나가히사 무쓰코	I여성회의 회원
412	사회활동가	飛田雄一	히다 유이치	고베학생청년센터관장
413	사회활동가	福山真劤	후쿠야마 신고	포럼 평화-인권-환경 대표
414	사회활동가	吉田 武	후루타 다케시	고려유회실행위원회 대표
415	사회활동가	吉岡達也	요시오카 다쓰야	비스보트공동대표
416	사회활동가	江原 護	에바라 마모루	조선학교를 지원하는 모임
417	사회활동가	大槻和子	오쓰키 가즈코	도쿄 일조(日朝) 여성의 모임
418	사회활동가	曽我昭子	소가 아키코	도쿄 일조(日朝) 여성의 모임
419	사회활동가	佐藤 久	사토 히사시	번역가
420	사회활동가	内田純音	우치다 아야네	일조(日朝) 국교촉진 국민협회 사무국 차장
421	사회활동가	小林久公	고바야시 마쓰히로	강제동원진상규명네트워크 감사
422	사회활동가	北川広和	기타가와 히로카즈	간도가쿠인대학 강사
423	사회활동가	川口重雄	가와구치 시게오	마루야마 마사오 수첩의 모임 대표
424	사회활동가	宋 富子	송부자	문화센터 아리랑 부이사장
425	사회활동가	谷内真理子	다니우치 마리코	전(前) 핵군축을 촉구하는 22인 위원회 사무국장
426	사회활동가	裵 重度	배중도	청구사(青丘社) 이사장
427	사회활동가	吉田博徳	요시다 히로노리	일조(日朝)협회 고문
428	사회활동가	都 相太	도상태	NPO법인 삼천리철도 이사장

429	사회활동가	青柳純一	아오야기 준이치	번역가
430	사회활동가	青柳優子	아오야기 유코	번역가
431	사회활동가	吉池俊子	요시이케 도시코	아시아포럼 요코하마 사무국장
432	사회활동가	高橋武智	다카하시 다케토모	번역가
433	사회활동가	梅林宏道	우메바야시 히로미치	비즈데보 특별고문
434	사회활동가	加茂千惠	가모 치에	조선여성과 연대하는 하코다테 모임 부대표
435	사회활동가	渡辺 貢	와타나베 미쓰구	일조(日朝)협회 회장
436	사회활동가	山崎キヌ子	야마자키 기누코	조선여성과 연대하는 미야자키현 여성 모임 대표
437	사회활동가	高橋広子	다카하시 히로코	I여성회의 공동대표
438	사회활동가	加根村和子	가네무라 가즈코	I여성회의 오키나와현본부 사무국장
439	사회활동가	西平幸代	니시히라 유키요	조선여성과 연대하는 모임 오카야마 사무국장
440	사회활동가	河 明生	가와 메이세이	일본태권도협회 회장
441	사회활동가	布施哲也	후세 데쓰야	기요세시(淸瀨市) 시회의
442	사회활동가	布施由女	후세 유메	미타마 일조(日朝)여성의 모임
443	사회활동가	河合秀二郎	가와이 히데지로	일조(日朝) 국교 정상화 전국 연락회 고문
444	사회활동가	篠原日出子	시노하라 히데코	조선여성과 연대하는 가나가와 여성 모임 준비위원
445	사회활동가	小川ルミ子	오가와 루미코	조선여성과 연대하는 일본부인 연락회
446	사회활동가	森 正孝	모리 마사타카	하얼빈시 사회과학원 객원연구원
447	사회활동가	建部玲子	다케베 레이코	아오모리현 조선여성과 연대하는 모임 대표
448	사회활동가	三島静夫	미시마 시즈오	평화를 사랑하는 이치카와 시민의 모임 사무국장
449	사회활동가	河 正雄	가와 마사오	광주시립미술관 명예관장
450	사회활동가	梁 東準	양동준	늘봄 통일 포럼 이사장
451	사회활동가	林 季成	임계성	늘봄 통일 포럼 사무국장
452	사회활동가	渡辺美奈	와타카베 미나	액티브 뮤지엄 '여자들의 전쟁과 평화 자료관' 사무국장

453	사회활동가	佐藤信行	사토 노부유키		재일 대한 기독교회 재일 한국인 문제 연구소 소장
454	사회활동가	李 実根	이실근		재일본 조선인 피폭자 연락 협의회 회장
455	사회활동가	李 一満	이일만		도쿄 조선인 강제연행 진상조사단 사무국장
456	사회활동가	平岡 敬	히라오카 다카시		전(前) 히로시마시 시장
457	사회활동가	塚本 勲	쓰카모토 이사오		한글 학원 쓰루하시 대표
458	사회활동가	東海林路得子	쇼지 쓰루코		'여자들의 전쟁과 평화 인권 기금' 이사장
459	사회활동가	山田貞夫	야마다 사다오		고려박물관 이사장
460	사회활동가	伊藤 茂	이토 시게루		전(前) 운수대신
461	사회활동가	吉川春子	요시카와 하루코		전(前) 참의원 의원
462	사회활동가	四谷信子	요쓰야 노부코		전(前) 도쿄도의회 부의장
463	사회활동가	丸浜江里子	마루하마 에리코		역사교육 아시아 네트워크 재팬 운영위원
464	사회활동가	岩本正光	이와모토 마사미쓰		일조(日朝)협회 대표이사
465	사회활동가	道原海子	미치하라 가이코		비즈데보
466	사회활동가	本山央子	모토야마 히사코		아시아여성자료센터 사무국장
467	사회활동가	川村一之	가와무라 가즈유키		전(前) 신주쿠구 구의회 의원
468	사회활동가	崔 碩義	최석의		재일 조선인 운동사 연구회 회원
469	사회활동가	呉 日煥	오일환		민단 나가노지부 단장
470	사회활동가	李 康浩	이강호		민단 오타지부 의장
471	사회활동가	朴 英鎬	박영호		민단 오타지부 부의장
472	사회활동가	高 昌樹	고창수		늘봄 통일 포럼 이사장
473	사회활동가	尹 昌基	윤창기		늘봄 통일 포럼 이사장
474	사회활동가	新藤 允	신도 마코토		전(前) 일조(日朝) 국민회의 사무차장
475	사회활동가	渡辺哲郎	와타나베 데쓰로		전(前) 동경지평(東京地評) 정치부장
476	사회활동가	鄭 甲寿	정갑수		원코리아페스티벌 실행위원장

477	사회활동가	温井 寬	누쿠이 히로시		전(前) 환일본해조합연구기구 이사
478	사회활동가	三原誠介	미하라 세이스케		일본과 남북한과의 우호를 증진시키는 모임 대표
479	사회활동가	鳴海洽一郎	나루미 고이치로		일조(日調) 연대 도민회의 이사국장
480	사회활동가	鈴木逸郎	스즈키 이치로		일조(日朝) 우호 미에현민회의 회장
481	사회활동가	佐々木伸彦	사사키 노부히코		'공평한 방송을!' 웹사이트 관리인
482	사회활동가	水野精之	미즈노 마사유키		재일 외국인 공무원 채용을 실현하는 도쿄 연락회
483	사회활동가	伊藤晃二	이토 고지		일조(日朝) 나가노현민회의 회장 대행
484	사회활동가	本尾 良	모토오 료		시민운동가
485	사회활동가	朴 鐘碩	박종석		히타치 취직차별 재판 원고
486	사회활동가	鄭 香均	정향균		도청(都庁) 국적 임용 차별 재판 원고
487	사회활동가	崔 勝久	최승구		'새로운 가와사키를 만드는 시민의 모임' 이사국장
488	사회활동가	平良 修	다이라 오사무		일본기독교단 목사
489	사회활동가	西尾市郎	니시오 이치로		일본기독교단 목사, 미군기지를 반대하는 운동을 통해 오키나와와 한국의 민중 연대를 목표로 하는 모임
490	사회활동가	高里鈴代	다카자토 스즈요		기지-군대를 허용하지 않는 행동하는 여성들의 모임(오키나와) 공동대표
491	사회활동가	星野 勉	호시노 쓰토무		일본기독교단 목사
492	사회활동가	川浦弥生	가와우라 야요이		미야코섬의 일본군 '위안부' 문제를 생각하는 모임 회원
493	사회활동가	島田善次	시마다 겐지		일본기독교회 목사, 후텐마 미군 기지로부터 폭음을 없애는 소송단 단장
494	사회활동가	小納谷幸一郎	고나야 고이치로		홋카이도 일조(日朝)연대 도민회의 회장
495	사회활동가	金 淳次	김순차		민단 도쿄 한국상공회의소 부회장
496	사회활동가	朴 憲哲	박헌철		민단 오타지부 고문
497	사회활동가	東定喜美子	도죠 기미코		I여성회의 공동대표
498	사회활동가	酒井夕起子	사카이 유키코		I여성회의 도쿄도본부 사무국장
499	사회활동가	鴻巣美知子	고노스 미치코		I여성회의 사무국 차장

500	사회활동가	添田包子	소에다 가네코		조선여성과 연대하는 도치기 부인회 대표
501	종교	木田献一	기다 겐이치		야마나시 에이와가쿠인대학원장
502	종교	東海林勉	쇼지 쓰토무		일본기독교단 목사
503	종교	鈴木伶子	스즈키 레이코		평화를 실현하는 기독교 신자 네트워크 대표
504	종교	関田寛雄	세키타 히로오		아오야마가쿠인대학 명예교수, 일본기독교단 목사
505	종교	深水正勝	후카미즈 마사카쓰		천주교 신부
506	종교	吉松 繁	요시마쓰 시게루		목사
507	종교	大塩清之助	오시오 세이노스케		일본기독교단 목사
508	종교	松村重雄	마쓰무라 시게오		일본기독교단 히로사키미나미교회 목사
509	종교	飯島 信	이지마 마코토		일본기독교단 목사
510	종교	井田 泉	이다 이즈미		성공회 신부
511	종교	高橋喜久江	다카하시 키쿠에		일본기독교부인교풍회
512	종교	大島果織	오시마 가오리.		일본기독교협의회 교육부 총주사
513	종교	前島宗甫	마에지마 무네토시		일본기독교단 목사
514	종교	大津健一	오쓰 겐이치		아시아 농촌지도자 양성전문학교 교장
515	종교	李 清一	이청일		재일대한기독교회관장
516	종교	吳 寿恵	오수혜		재일대한기독교회 교육주사
517	종교	金 永泰	김영태		재일대한기독교회 목사
518	종교	李 民洙	이민수		성공회 도쿄교구 신부
519	종교	阿蘇敏文	아소 도시후미		일본기독교단 목사
520	종교	崔 栄信	최영신		목사
521	종교	洪 性完	홍성완		목사
522	종교	朱 文洪	주문홍		목사
523	종교	李 相勁	이상경		목사

524	종교	香山洋人	가야마 히로토		성공회 신부
525	종교	麻生和子	아소 가즈코		일본기독교협의회 재일외국인 인권위원회 위원장
526	종교	野村 潔	노무라 기요시		성공회 신부 나고야 학생 센터 총간사
527	종교	岡田 仁	오카다 히토시		도미자카 기독교 센터 총간사
528	종교	片山 寛	가타야마 히로시		세이난가쿠인대학 신학부 학부장
529	종교	田口昭典	다구치 아키노리		일본침례회연맹 이사장
530	종교	加藤 誠	가토 마코토		일본침례회연맹 상무이사
531	종교	秋葉正二	아키바 마사지		일본기독교단 목사
532	종교	饒平名長秀	요헤나 주쇼		오키나와 침례회연맹 목사
533	종교	川越 弘	가와고에 히로시		일본기독교회 목사, 반(反) 야스쿠니 오키나와 기독교 신자 연락회 운영위원
534	종교	渡辺信夫	와타나베 노부오		일본기독교회 도쿄 고백교회 목사
535	종교	古賀清敬	고가 기요타카		일본기독교회 목사
536	종교	小野寺ほさな	오노데라 호사나		일본기독교회 일본군 '위안부' 문제에 참여하는 모임 대표
537	종교	渡辺静子	와타나베 시즈코		일본기독교회 목사
538	종교	小池創造	고이케 소조		일본기독교회 목사
539	종교	梶原 寿	가지와라 히사시		일본기독교단 목사
540	종교	坂内宗男	반나이 무네오		전도사
541	종교	新海雅典	신카이 마사노리		천주교 신부

*이름은 가나다 순이 아닌 직업군으로 분류함.

찾아보기

날조한,
징용공 없는
징용공 문제

발행일   2020년 12월 24일 초판 1쇄

지은이   니시오카 쓰토무
옮긴이   이우연

발행인   황의원
발행처   미디어실크(미디어워치)
책임편집 박지영

주소   서울시 마포구 마포대로 4길 36, 2층
전화   02 720 8828
팩스   02 720 8838
이메일   mediasilkhj@gmail.com
홈페이지 www.mediawatch.kr
등록   제 2020 - 000092호

ISBN 979-11-959158-5-9 04340
      979-11-959158-4-2 04340(세트)

ⓒ 니시오카 쓰토무, 2020

진실을 추구하는 독자가 좋은 책을 만듭니다.
미디어워치는 독자 여러분의 소리에 항상 귀 기울이고 있습니다.

* 가격은 뒤표지에 있습니다.
* 잘못 만들어진 책은 구입처에서 바꾸어 드립니다.